PLUTO

(A Riqueza)

Aristófanes

PLUTO

(A Riqueza)

Introdução, versão do grego
e notas
Américo da Costa Ramalho

EDITORA
UnB

Direitos exclusivos para esta edição:
EDITORA UNIVERSIDADE DE BRASÍLIA
SCS Q.2 - Bloco C - nº 78 - 2º andar
70300-500 - Brasília - DF - Fax (061) 225-5611

Impresso no Brasil

COORDENADOR DA SÉRIE
AIRTON LUGARINHO
EDITOR
MARIA DO CARMO TEIXEIRA RAINHO
REVISÃO
JOSÉ CLAUDIO DA SILVEIRA MATTAR E MARIA DO CARMO TEIXEIRA RAINHO
REVISÃO FINAL
MAURO CAIXETA DE DEUS
EDITORAÇÃO ELETRÔNICA
JORGE PASSOS MARINHO
CAPA
CRISTINA GOMIDE
SUPERVISÃO GRÁFICA
ELMANO RODRIGUES PINHEIRO

ISBN: 85-230-0496-3

Ficha catalográfica elaborada pela Biblioteca Central
da Universidade de Brasília

Aristófanes
A716 Pluto (a riqueza)/Aristófanes; introdução, versão do grego e notas de Américo da Costa Ramalho – Brasília: Editora Universidade de Brasília, 1999.
97p.

1. Teatro grego clássico. I. Ramalho, Américo da Costa. II. Título.

CDU 875-2 A716

SUMÁRIO

INTRODUÇÃO

Circunstâncias da Peça

O *Pluto* de Aristófanes foi representado em 388 a.C. É cronologicamente a última das onze peças completas que possuímos do poeta, das quais a primeira, *Os Acarnenses*, foi apresentada ao público ateniense em 425 a.C.

Um outro *Pluto* teria sido representado em 408, como se admite, não sem reservas, a partir de vários indícios. Mas o texto que hoje possuímos é o da segunda representação.

As relações entre ambas as peças[1] não as conhecemos ao certo nem aqui nos interessam especialmente. Interessa, sim, reconhecer que *Pluto* (*A Riqueza*) é bastante diferente das outras peças de Aristófanes que chegaram até nós, pertencentes ao período da chamada Comédia Antiga.

Assim, as alusões políticas, características dessa primeira fase da Comédia Ateniense, quase não se encontram em *Pluto*.

Também nesta peça, Aristófanes deixa de comentar a vida pública da cidade, de colocar perante os espectadores aqueles dos seus concidadãos que alcançaram notoriedade na política, na dramaturgia, na vida intelectual e artística, em geral.

Em *Pluto* interessa o cidadão comum, o seu bem-estar, as suas aspirações individuais. Quando se fala da cidade-estado, não é para referir a sua política interna ou exterior. É apenas para notar que a situação econômica é tão débil que a cidade não pode pagar um serviço público de assistência médica.[2] A influência do deus Pluto na vida de cada um é a da presença, ou o contrário, dos bens de fortuna (*πλοῦτος*) na existência dos indivíduos, em qualquer lugar e em qualquer tempo. E foi essa universalidade do tema que conferiu à peça um interesse permanente que perdurou pelos séculos afora. E isso, não obstante ser *Pluto* uma criação bem menos brilhante do que *As Rãs*, onde é discutido o valor formativo, na educação do povo, dos dois grandes trágicos Ésquilo e Eurípides, ou de *As Nuvens*, onde, com singular incompreensão cômica, se discute Sócrates como educador da juventude.

Com *Pluto*, entra-se na fase intermediária que conduzirá a um outro período brilhante da Comédia Grega, mas diferente daquele em que Aristófanes foi o autor de maior prestígio. Essa fase intermediária tem um nome internacional que em português não é eufônico. Chama-se Comédia Média; em francês, *Comédie Moyenne*; em inglês, *Middle Comedy*.

A fase final da comédia na Grécia recebe o nome de Comédia Nova e nela a figura de maior relevo é Menandro (342/341-291/290 a.C.).

Estruturalmente, a Comédia Nova perde o coro, um elemento constitutivo que aproximava os dois gêneros, comédia e tragédia. Ora, em *Pluto* o coro só recita um texto, em ritmo mais ou menos lírico, na sua primeira intervenção.[3] Das outras vezes em que aparece, é designado apenas pela palavra *XOPOY* «do coro», que indica um intervalo em que os coreutas executam um «intermezzo» coreográfico, sem qualquer texto escrito e, portanto, sem influência na ação.

O desenho dos caracteres individuais torna-se mais nítido, como no caso da mulher de Crêmilo, de quem Gilbert Murray escreveu: «(...) é a primeira personagem feminina, cômica, da literatura grega, isto é, a primeira mulher que tem graça, não por ser mulher, mas pelo seu caráter».[4] E aparece uma outra personagem que virá a ser característica, mais tarde, de Menandro e da Comédia Nova, o escravo Carião, antepassado dos escravos de Plauto e de Terêncio na Comédia Romana que, como se sabe, deriva da Comédia Nova dos gregos.

É Carião quem abre a peça, estranhando a conduta anormal de Crêmilo, seu dono e patrão. É Carião quem conta, num trecho narrativo,[5] que tem sido justamente admirado, a noite em que o deus Pluto acaba de passar no santuário de Asclépio onde recuperou a vista. É ainda ele quem dialoga com Hermes, mensageiro dos deuses, quase no final da peça.

Estilisticamente, *Pluto* também é diferente das comédias restantes. Num estudo publicado há muitos anos,[6] mostrei como a capacidade inventiva de Aristófanes em cunhar novo vocabulário – considerei apenas o caso dos adjetivos compostos (*διπλᾶ ὀνόματα*) – parece ir-se desvanecendo nas últimas obras, sobretudo em *Pluto*. A *verve* cômica desaparece, para dar lugar a uma observação calma e refletida da vida, como viria a ser característico da Comédia Nova. Então, vi nisso um sinal do envelhecimento do poeta e da decadência da sua arte, mas também pode ver-se na mudança um progresso no sentido de uma nova forma de comédia.[7]

Pluto não é hoje a peça preferida dos estudiosos de Aristófanes que lhe antepõem as suas predecessoras do período da Comédia Antiga que o tornaram famoso. Todavia, *Pluto* foi imensamente popular na Antiguidade, como prova o número de manuscritos chegados até nós, e no Renascimento, quando Erasmo recomendava a sua leitura e os jesuítas a davam a ler aos discípulos.

Um dos tradutores renascentistas de *Pluto* foi o português Miguel de Cabedo que, aos vinte e dois anos, a traduziu em versos latinos, durante as férias dos seus estudos de Direito, na França. Publicou-a em Paris, *apud Vascosanum*, em 1547. Na carta-dedicatória a seu tio, o bispo D. Gonçalo Pinheiro, embaixador do rei D. João III na corte francesa, Cabedo diz: «Verti... uma das comédias de Aristófanes para o latim, *Pluto*, que eu compreendera ser a tua favorita entre as restantes desse autor».[8]

Não conheço qualquer apreciação crítica dessa versão latina que li recentemente, com algum cuidado . Mas creio poder afirmar que não é notável, elíptica e parafrástica, por imposição do cenário iâmbico com que o jovem Cabedo procurou traduzir o trímetro do grego. Uma tradução em prosa latina ter-lhe-ia certamente proporcionado maiores facilidades em manter-se fiel ao original.

Acrescem, naturalmente, as dificuldades do texto, menos perfeito que o das edições críticas atuais, as deficiências de informações sobre as instituições e a prosopografia atenienses do começo do século IV a.C.. Os *realia* eram um problema maior no século XVI do que hoje, após mais de quatro séculos de investigação sobre o mundo greco-latino.

Um resumo possível de *Pluto* (*A Riqueza*) é o seguinte:

O cenário, que é o mesmo ao longo da peça, representa uma rua de Atenas, com a casa do agricultor Crêmilo, ao fundo.

Carião, escravo de Crêmilo, informa a assistência do que acaba de ocorrer com o patrão. Crêmilo, preocupado com o futuro do filho,[9] consultou o deus Apolo no seu santuário de Delfos sobre se o rapaz, para triunfar na vida, devia ser bom ou mau.

Crêmilo explica que o oráculo o mandou seguir o primeiro homem que encontrasse, logo à saída do templo, e lhe recomendou que persuadisse esse homem a acompanhá-lo a sua casa. Forçado por patrão e escravo, o homem, um velho andrajoso, de passos incertos, acaba confessando que é Pluto, o deus da riqueza, e que se encontrava cego, porque Zeus, o pai dos deuses, o castigara, por pretender beneficiar só os homens justos.

Pluto tem, naturalmente, opiniões bastante pessimistas sobre todas as criaturas, divinas e humanas, sem exceção. Contra sua própria vontade, Crêmilo resolve curá-lo da cegueira, levando-o ao templo de Asclépio. Para isso, convenceu Pluto de que é a riqueza que governa o mundo, incluindo o próprio Zeus, pai dos deuses. Carião, por seu turno, cita o seu caso pessoal de homem livre feito escravo, por uma pequena dívida.[10]

Querendo, generosamente, fazer participar os amigos dos benefícios da riqueza, Crêmilo manda Carião chamar os companheiros, agricultores laboriosos e pobres como ele. Estes constituem o coro que não tem mais do que uma intervenção no estilo da Comédia Antiga, mas ainda assim modesta, quer do ponto de vista ideológico, quer da variedade métrica. Nas restantes intervenções, o coro limitar-se-á a dançar.

Entretanto, na casa de Crêmilo tudo respira abundância e riqueza: os próprios trastes domésticos viraram ouro.

Um amigo de Carião, chamado Blepsidemo, vem visitá-lo e olha com a maior desconfiança essa súbita e inexplicável prosperidade, não querendo aceitar que ela tenha sido conseguida por processos honestos. E, nessa persuasão, o amigo propõe a Crêmilo subornar os oradores públicos (os políticos), para que eles se calem sobre o assunto, se alguma coisa vierem a descobrir. Finalmente, Blepsidemo reconhece a insensatez das suas desconfianças e decide-se a participar no projeto de restituir a vista a Pluto.

Quando iam saindo, aparece uma mulher pálida, magra, com o aspecto das Erínias (as Fúrias) da tragédia, que, aos gritos, repreende os dois amigos. É a Pobreza que vem convencê-los da loucura que há em se tornarem ricos e tenta persuadi-los, aliás sem êxito, de que foi a pobreza a grande motivadora dos progressos da civilização. Insiste em que, quando forem ricos, como ninguém precisará trabalhar, acabarão por viver pior do que antes.

Depois de nova exibição coreográfica do coro, surge Carião que se antecipa a vir comunicar a boa nova de que Pluto recuperou a vista, graças a Asclépio. E à mulher de Carião, que vem à porta, conta pitorescamente o que foi a noite no templo de Asclépio, num saboroso diálogo em que avultam a malícia do escravo e a candura da mulher. Ao terminar a conversa, Carião anuncia a chegada dos que acompanham Pluto, radiante com a recuperação da vista. O coro dança de novo.

Pluto chega e um pouco à maneira da tragédia, mas sem acentuar demais a semelhança, saúda o Sol e a terra abençoada de Palas (a cidade de Atenas) que generosamente o acolheu. E torna manifesto o seu arrependimento de ter favorecido outrora os maus, por ser cego. No futuro só ajudará os que o merecerem.

Entram em casa de Crêmilo. O coro exibe-se uma vez mais.

Sai de casa Carião e descreve a fartura que reina na residência de Crêmilo, onde até os criados jogam par ou ímpar com moedas de ouro.

Começam então a dar sinal de si os que foram beneficiados, e os desfavorecidos, com a nova revolução econômica. Dialogam com Carião que reina sobre o final da peça.

Vem um homem justo, com o seu escravozinho, dedicar a Pluto os andrajos que vestia antigamente. Agora anda luxuosamente arrumado.

Vem o sicofanta, ou denunciante, acompanhado de uma testemunha. O sicofanta de quem, anteriormente, uma das especialidades era descobrir conspiradores contra a democracia, fazendo condenar os inocentes com cuja desgraça se governava, está abatido e indignado. Participa no diálogo também o justo que submete o denunciante profissional a um interrogatório cerrado, para provar os seus malefícios. O sicofanta é despido em público e a testemunha, que devia apoiá-lo, foge. Entretanto, o justo concorda em ceder os seus andrajos ao sicofanta que sai, proferindo ameaças.

Intervenção do coro. Entra agora uma velha, galantemente vestida com um traje colorido de moça nova e gestos de donzela apaixonada. Queixa-se de ter sido abandonada por um rapaz novo e bem parecido, seu amante, que a consolava desinteressadamente... em troca de presentes para ele e para toda a família. Tornado rico, recusa agora as entrevistas com a velha.

Ela ainda se queixava, quando o jovem aparece, em traje de festa, e saúda a amante cerimoniosamente, como se nunca a tivesse visto. Entre ele e Crêmilo passam comentários pouco cavalheirescos sobre quantos dentes guarnecerão a boca da anciã. Entretanto Crêmilo sempre vai dizendo ao jovem que quem bebeu o vinho deve beber também a borra...

Após mais uma exibição do coro, é a hora de aparecer Hermes, o mensageiro dos deuses, que vem queixar-se do pouco caso que os homens passaram a fazer das divindades, desde que são ricos. Com efeito, os deuses morrem de fome, privados que estão dos sacrifícios que os homens lhes faziam, quando necessitavam da proteção divina.

Como o deus é senhor de muitos títulos, correspondentes a muitas e variadas habilidades, sempre acaba por arranjar emprego na cozinha, o que lhe permite, pelo menos, matar a fome. Lá também chega o sacerdote de Zeus que, ao informar Crêmilo de que vai mandar imitar o pai dos deuses, passando para a companhia dos homens, ouve de Crêmilo que outro tanto já fizera o próprio Zeus.

E a peça termina com uma procissão, conduzida pelo sacerdote, em direção à Acrópole onde Pluto será entronizado no seu lugar habitual. Participam também a velha, no seu traje colorido de festa, satisfeita por ter recuperado o amante, e o coro dos camponeses.

Para as intenções atribuídas ultimamente à comédia – se é que ela tem alguma a não ser a de divertir –, ver um artigo recente de J. H. Barkhuizen,[11] para quem o motivo do *Plutus* é o de «Illusion versus Reality»: a utopia de que o enriquecimento geral dos homens os torna melhores é uma ilusão desmentida pela realidade, pois «não há relação entre a virtude e a riqueza e a pobreza». Mas o artigo parece-me demasiado esquemático e pouco atento a pormenores contraditórios.

O texto grego utilizado foi, de um modo geral, o de Victor Coulon, na edição da Coleção «Belles-Lettres», com algumas alterações, principalmente, a eliminação do verso 566, por ser de duvidosa autenticidade.

PLUTO

407

PLVTVS ARISTOPHANIS Comœdia in Latinum conuerſa Sermonem, Auctore Michaele Cabedio Senatore Regio, dum Pariſijs eſſet anno M.D.XLVII.

D. GONDISALVO PINARIO, Viſenſi Epiſcopo Ioannis tertij Luſitaniæ Regis in Gallia Legato auunculo ſuo, M. Cabedius. S.

CONVERTI Domine, per eos dies quibus paucis, iuris ſtudia, more maiorum, intermitti ſolent, vnam de Ariſtophanis Comœdijs in Latinum ſermonem, Plutum, quam inter ceteras eius Auctoris in primis tibi probari intellexeram. Eam igitur qualem qualem lucubratiunculam mihi perire cum nollem tibi dicatam emiſi, ratus opellæ nihili, plurimum momenti nomen tuum facturum. Conſeruet Deus digniſſimam perſonam tuã. Vale. Pariſijs. Kal. Octob. M.D.XLVII.

4 FA-

A tradução latina de Cabedo foi publicada três vezes: Paris (1547); Coimbra, João de Barreira (1594); Roma (1597), de onde é tirada a gravura.

PERSONAGENS

Carião, escravo de Crêmilo
Crêmilo
Pluto, deus da riqueza
Coro de camponeses
Blepsidemo, amigo de Crêmilo
Pobreza
A mulher de Crêmilo
Um justo
Um sicofanta ou denunciante
Uma velha
Um jovem
Hermes
O sacerdote de Zeus

Uma praça pública com a casa de Crêmilo, ao fundo. Do lado esquerdo, entra um velho cego e andrajoso. Atrás dele, vêm Crêmilo e o seu escravo Carião, ambos com coroas de louro na cabeça. Carião transporta ainda um pedaço de carne, trazida do sacrifício ao deus.

CARIÃO

Como é incômodo, ó Zeus e deuses, ser escravo de um homem insensato! Se, por acaso, o criado diz o que é melhor, mas parece bem ao seu senhor não fazer isso mesmo, o criado fica necessariamente sujeito a más conseqüências.

O destino não o deixa ser senhor do seu corpo, mas sim quem o comprou. Eis porque ao Lóxias, «que profetiza da trípode coberta de ouro»,[1] eu faço esta justa queixa: sendo médico e adivinho, segundo dizem, sábio, mandou embora o meu patrão, atacado de negra bílis, ele que acompanha, seguindo-lhe as pegadas, um homem cego, fazendo assim o contrário do que lhe convinha fazer. Na verdade, nós os que vemos é que guiamos os cegos, mas este acompanha-o e ainda me força a acompanhá-lo e isso não dando nem pio. (*A Crêmilo*) Quanto a mim, não há maneira de eu me calar, se não me disseres porque é que afinal acompanhamos tal indivíduo, ó senhor! Mas arranjar-te-ei problemas! E não me baterás, estando eu com a coroa na cabeça.[2]

CRÊMILO

Não, por Zeus, mas tirar-te-ei a coroa, se me incomodares, para que mais te doa.

CARIÃO

Mentiras! Não cessarei, antes que me digas quem é este indivíduo. Porque sou teu amigo é que faço tantas perguntas.

CRÊMILO

Mas não esconderei a ti, porque te considero, de todos os meus criados, o mais fiel e... o mais ladrão. Eu, apesar de homem temente aos deuses e justos, corria-me a vida mal e era pobre.

CARIÃO

Eu sei.

CRÊMILO

Mas enriqueciam outros que são sacrílegos, oradores e sicofantas e velhacos.

CARIÃO

Acredito.

CRÊMILO

Então, fui consultar o deus, quase acreditando que a minha vida de desgraçado estava com o fôlego gasto, para saber se o meu filho, que por acaso é o único, deve mudar o seu caráter e ser velhaco, injusto, sem nada de bom, porque eu pensava que é isso mesmo que convém à sua vida.

CARIÃO

«Que é que proclamou Febo, do alto das suas grinaldas?»[3]

CRÊMILO

Sabê-lo-ás. O deus disse-me o seguinte, com toda a clareza: ordenou-me que nunca deixasse escapar aquele que eu primeiro encontrasse, logo à saída, e que o persuadisse a acompanhar-me à minha casa.

CARIÃO

E quem é que tu encontraste em primeiro lugar?

CRÊMILO

Este mesmo indivíduo!

CARIÃO

Então não compreendes, ó grandissíssimo pateta, o pensamento do deus quando diz, claramente, que eduques o teu filho da maneira tradicional?

CRÊMILO

Por que julgas isso?

CARIÃO

Porque até a um cego parece evidente o quanto importa nada fazer de útil nos tempos que correm.

CRÊMILO

Não é possível que o oráculo vá dar nisso, mas sim a coisa maior. Se este indivíduo nos disser quem é e porque veio, e à procura de quê, até junto de nós, ficaremos sabendo o que significa o oráculo para nós.

CARIÃO

Para o cego.

Ora vá! Diz quem és antes que eu faça o que naturalmente se segue. É preciso que fales muito depressa.

PLUTO

Eu quero que trabalhes.

CARIÃO

Compreendes quem ele diz que é?

CRÊMILO

É contigo que fala, não comigo, porque o interrogas sem jeito nem cortesia. (*A Pluto*) Mas se gostas dos modos de um homem respeitável, diz isto a mim.

PLUTO

Quero que te fodas.

CARIÃO

Para Crêmilo.

Recebe bem o homem e o oráculo do deus.

CRÊMILO

Para Pluto.

Não te vais alegrar, por Deméter.

CARIÃO

Se não falares, meu velhaco, matar-te-ei velhacamente.

PLUTO

Oh meus caros, afastai-vos de mim!

CRÊMILO

De modo algum!

CARIÃO

Entretanto, aquilo que eu digo é o melhor, senhor. Matarei este homem aqui, da maneira mais cruel. Vou colocá-lo sobre um precipício, deixá-lo lá e ir-me embora, para que de lá caia abaixo e parta o pescoço.

CRÊMILO

Pelo contrário, levanta-o depressa.

PLUTO

De forma nenhuma.

CRÊMILO

Então não dirás?

PLUTO

Mas se ficardes sabendo quem sou, sei que me farás algum mal e não me largarás.

CRÊMILO

Certamente, pelos deuses, faremos a ti, se quiseres.

PLUTO

Antes de mais, largai-me.

CRÊMILO

Pronto, largamos-te.

PLUTO

Ouvi os dois, então! Porque é preciso, ao que me parece, dizer aquilo que eu resolvera esconder. É que eu sou Pluto.

CARIÃO

Oh, o mais velhaco de entre todos os homens! És, então, Pluto e calavas-te!

CRÊMILO

Tu, Pluto, com essa aparência desgraçada! Ó Febo Apolo e deuses e gênios e Zeus, que dizes? Tu és verdadeiramente o tal?

PLUTO

Sim.

CRÊMILO

Aquele mesmo?

PLUTO

Mesmíssimo.

CRÊMILO

Donde é que vens – diz – com esse ar sujo?

PLUTO

Venho de casa de Pátrocles[4] que não se lava desde que nasceu.

CRÊMILO

E esse mal como o sofreste? Diz-me.

PLUTO

Foi Zeus que me fez isto, por má vontade aos homens. Quando eu era rapaz, ameacei que só me dirigiria aos justos e sábios e honestos. E ele fez-me cego, para que não distinguisse nenhum deles. É assim que ele inveja os bons.

CRÊMILO

Mas ele só é honrado pelos bons e justos.

PLUTO

Concordo contigo.

CRÊMILO

Ora vejamos! Se voltares a ver como antes, fugirás então dos maus?

PLUTO

Prometo.

CRÊMILO

Procurarás os justos?

PLUTO

Sem dúvida. Há muito que não os vejo.

CARIÃO

Apontando os espectadores.

E não é maravilha nenhuma, porque eu também não, apesar de ver.

PLUTO

Deixai-me os dois agora, porque já sabeis tudo a meu respeito.

CRÊMILO

Não, por Zeus, mas muito mais te seguraremos.

PLUTO

Não anunciava eu que vocês estavam para me arranjar confusões.

CRÊMILO

E tu – peço-te – deixa-te persuadir e não me abandones, porque não descobrirás, ainda que o procures, homem de melhor caráter do que eu.

CARIÃO

Para os espectadores.

Não, por Zeus, não há outro senão... eu.

PLUTO

Isso é o que todos dizem. Mas quando, verdadeiramente, me apanham e se tornam ricos, simplesmente ninguém os excede em velhacaria.

CRÊMILO

É assim, realmente, mas nem todos são maus.

PLUTO

Pelo contrário, por Zeus, todos sem exceção.

CARIÃO

Bem, hás de te arrepender.

CRÊMILO

Tu, para que saibas quantos bens te acontecerão se ficares conosco, presta atenção, para que fiques informado. É que eu creio, sim, creio – com a ajuda do deus, direi eu – que vou livrar-te dessa cegueira, fazendo que vejas.

PLUTO

Não faças isso de maneira nenhuma, porque eu não quero voltar a ver.

CRÊMILO

Que dizes tu?

CARIÃO

Para os espectadores.

Este homem é desgraçado, por natureza.

PLUTO

Zeus, bem o sei, se conhecesse as maluquices desta gente esmagar-me-ia.

Crêmilo

Mas não faz isso mesmo, quem te deixa vaguear aos encontrões?

Pluto

Não sei, mas eu tenho um medo dele que me pelo.

Crêmilo

Verdadeiramente? Ó, a mais covarde de todas as divindades! Então acreditas que a tirania de Zeus e os seus raios valem um trióbolo, se recuperares a vista, um minuto que seja?

Pluto

Oh! Não digas isto, meu patife!

Crêmilo

Fique calmo. Eu provar-te-ei que tens muito mais poder do que Zeus.

Pluto

A mim? Tu?

Crêmilo

Sim, pelo Céu, e já! (*Para Carião*) Por que é que Zeus reina sobre os deuses?

Carião

Pelo dinheiro, porque tem muitíssimo.

Crêmilo

Aí está! E quem é que lho dá?

Carião

Apontando para Pluto.

Este aqui.

Crêmilo

Por que é que fazem sacrifícios em honra dele? Não é por causa deste indivíduo?

CARIÃO

Sim, por Zeus, rezam para enriquecerem sem demora.

CRÊMILO

Não é este sujeito então a causa, e não acabará com tudo isso facilmente, se quiser?

PLUTO

Por que, afinal?

CRÊMILO

Porque nem um só dos mortais sacrificará, nem boi, nem bolo, nem coisa nenhuma, se tu não quiseres.

PLUTO

Como?

CRÊMILO

Como? Naturalmente não tem meio de comprá-los, se, com a tua presença, não lhe deres o dinheiro, de tal forma que, se lhe causares alguma dificuldade, tu sozinho destruirás a força de Zeus.

PLUTO

Que dizes tu? É por minha causa que lhe fazem sacrifícios?

CRÊMILO

É o que te digo. E por Zeus, se há alguma coisa de brilhante, belo e agradável aos homens, é graças a ti que acontece. Tudo está submetido à riqueza.

CARIÃO

Eu, por exemplo, sou escravo por causa de meia dúzia de patacas, eu que antes era livre.

CRÊMILO

E dizem que as prostitutas de Corinto quando um pobre, por acaso, as tenta, nem sequer lhe prestam atenção. Mas se é um rico, logo lhe oferecem o cu.

CARIÃO

E que os garotos fazem o mesmo, não por amor mas por dinheiro.

CRÊMILO

Não os honestos, mas os venais. Porque os honestos não pedem dinheiro.

CARIÃO

E então?

CRÊMILO

Um pede um bonito cavalo, outro cães de caça.

CARIÃO

Talvez, envergonhados de pedir dinheiro, cobrem de uma crosta de palavras bonitas a sua desvergonha.

CRÊMILO

Graças a ti foram descobertas, entre os homens, todas as artes e manhas: um de nós, sentado, remenda os sapatos, outro é ferreiro, outro ainda é carpinteiro...

CARIÃO

Outro é ourives, com o ouro que lhe dás...

CRÊMILO

E outro é gatuno, por Zeus, outro ainda é arrombador.

CARIÃO

E o tintureiro...

CRÊMILO

E o que lava as peles...

CARIÃO

E o que amacia os couros...

CRÊMILO

E o que vende cebolas...

CARIÃO

E o que é apanhado em adultério, de certo modo por tua causa, é depilado.[5]

PLUTO

Infeliz de mim! Quanto tempo isso me escapou!

CARIÃO

E o Grande Rei,[6] por quem se dá ares, senão por causa deste?

CRÊMILO

E a Assembléia[7] não é por causa dele que reúne?

CARIÃO

E então? Não és tu que enches as trieiras? Diz-me.

CRÊMILO

E não és tu que dás de comer em Corinto[8] ao exército mercenário?

CARIÃO

E Pânfilo, não é por causa deste que su...spirará?

CRÊMILO

E com Pânfilo[9] não chorará o vendedor de agulhas?

CARIÃO

Não é graças a ele que Agírrio[10] peida?

CRÊMILO

E Filépsio não trapaceia por tua causa? E a aliança com os egípcios não é graças a ti? Não é por ti que Laís é amante de Filônides?

CARIÃO

É a torre de Timóteo...

CRÊMILO

Que ela caia sobre ti! E os negócios não se resolvem todos, graças a ti? Tu és de tudo o agente exclusivíssimo, quer do bem, quer do mal, fica-o sabendo.

CARIÃO

Vencem, com certeza, mesmo na guerra, apenas aqueles sobre quem este pousa.

PLUTO

Sozinho, sou capaz de fazer tanta coisa?

CRÊMILO

E, por Zeus, muito mais do que isso, de tal modo que jamais alguém está cheio de ti. De todo o resto nos saciamos: de amor...

CARIÃO

de pão...

CRÊMILO

de música...

CARIÃO

de guloseimas...

CRÊMILO

de glória...

CARIÃO

de bolachas...

CRÊMILO

de coragem...

CARIÃO

de figos secos...

CRÊMILO

de ambição...

CARIÃO

de papas...

CRÊMILO

de comandos militares...

CARIÃO

de sopa de lentilhas...

CRÊMILO

Mas de ti nunca ninguém ficou cheio. Se alguém recebe treze talentos, muito mais deseja receber dezesseis. E quando os alcança, quer quarenta ou diz que a vida não merece ser vivida.

PLUTO

Parece-me que vocês dois falam muito bem. Só que receio uma coisa.

CRÊMILO

Diz, o quê?

PLUTO

Como dessa força que vocês dizem que tenho, virei eu a tornar-me senhor.

CRÊMILO

Sim, por Zeus, mas também dizem todos que a riqueza é a coisa mais covarde que existe.

PLUTO

De modo nenhum. Isso foi um arrombador qualquer que me caluniou. Uma vez, conseguindo entrar em casa, não logrou levar nada, porque encontrou tudo fechado. E então chamou a minha previdência... covardia.

CRÊMILO

Não te preocupes com coisa nenhuma, visto que, se te tornares aguçoso para os nossos negócios, farei que tenhas a vista mais penetrante do que Linceu.[11]

PLUTO

Como conseguirás fazer isso, sendo um mortal?

CRÊMILO

Tenho uma boa esperança, desde que «Febo, em pessoa, me falou, depois de agitar o loureiro de Pítia».[12]

PLUTO

E ele então participa do segredo?

CRÊMILO

É o que eu te digo.

PLUTO

Vê lá!

CRÊMILO

Não tenhas nenhuma preocupação, meu caro! É que eu, fique sabendo, ainda que tenha de morrer, farei tudo.

CARIÃO

E se quiseres, eu também.

CRÊMILO

Teremos ainda outros aliados que não tinham o que comer, por serem honestos.

PLUTO

Oh, oh! fracos aliados nossos, esses de que falaste.

CRÊMILO

Não, se eles voltarem a ser ricos, para começar. Mas vai, corre depressa.

CARIÃO

Que queres que faça? Diga.

CRÊMILO

Chama os camaradas camponeses – encontrá-los-ás, talvez, consumidos de trabalhos nos campos – para que cada um deles, apresentando-se aqui, participe em condições de igualdade conosco da sua parte de Pluto.

Carião

Aí vou eu. (*Para Crêmilo*) E esse pedacinho de carne, para que um dos que estão lá dentro pegue nele e o leve.

Crêmilo

Disso cuidarei eu. Mas trata de correr. E tu, Pluto, a mais poderosa de todas as divindades, entre aqui para dentro comigo! Esta é a casa que tu precisas encher de riquezas hoje, com justiça ou sem ela.

Pluto

Mas aborreço-me profundamente, pelos deuses, cada vez que entro numa casa alheia, porque nunca recebi nada de bom com isso. É que, se entro, por acaso, em casa de um homem econômico, imediatamente me esconde bem debaixo da terra. E se algum amigo honesto vem encontrar com ele, pedindo-lhe um dinheirinho, nega jamais ter-me visto. Mas se, por acaso, entro em casa de um maluco, dado a putas e ao jogo, saio pela porta afora nu, num instante.

Crêmilo

É que um homem equilibrado nunca o encontraste. Ora eu sou mais ou menos assim, sempre: fico satisfeito em poupar como nenhum outro homem, e, por outro lado, em gastar, quando é preciso. Mas entremos, pois quero que te vejam minha mulher e meu filho único que é quem mais amo, depois de ti.

Pluto

Bem o creio!

Crêmilo

Por que é que se não há de dizer-te a verdade? (*Entram em casa de Crêmilo*).

Entra o coro guiado por Carião.

Carião

Ó vocês que muitas vezes comeram o mesmo tomilho[13] que o meu patrão, amigos e companheiros, amantes do trabalho, ide, esforçai-vos, apressai-vos, visto que não é tempo de hesitar, mas é o momento oportuno de estar presente e socorrer.

CORO

Então não vês que já estamos, há muito, animosamente a caminho, quanto é natural em homens fracos e já velhos? Tu talvez julgues apropriado que eu corra, antes de me informares por que motivo me chama aqui o teu senhor.

CARIÃO

Então não há muito que estou explicando? Tu é que não ouves. O meu senhor diz que todos vocês irão viver agradavelmente, uma vez libertos de uma existência triste e difícil.

CORO

E o que é e de onde vem esse negócio de que fala?

CARIÃO

É um velho que aqui acaba de chegar, com ele, ó desgraçados, um velho imundo, corcovado, triste, enrugado, calvo, desdentado. E parece-me até, pelo céu, que ele é circuncidado.

CORO

Ó tu que anuncias palavras de ouro, como dizes? Repete para mim! Porque tu estás revelando que ele veio com um monte de ouro.

CARIÃO

De males de velhice é que é o monte de que eu falei.

CORO

Então achas bom enganar-nos e depois mudar de conversa, sem receberes castigo, apesar de eu ter um bastão?

CARIÃO

Com que então vós pensais que eu sou, por natureza, um pantomimeiro e não me considerais capaz de dizer alguma coisa de sensato?

Coro

A seriedade do velhaco! As tuas canelas gritam «ui, ui», com saudades das algemas e das correntes.

Carião

Na urna está agora a letra que te caiu em sorte[14] para o julgamento e tu não vais? Caronte dá-te a senha.

Coro

Oxalá rebentes! Como és atrevido e trapaceiro por natureza, tu que nos ludibrias e ainda não ousas informar-nos a nós os que, depois de muitas fadigas, sem qualquer pouso, animosamente aqui viemos, atravessando pelas raízes de muito tomilho!

Carião

Mas já não o esconderei. O meu patrão, ó homens, acaba de chegar, trazendo consigo Pluto que a todos nos fará ricos.

Coro

Verdadeiramente, é possível que nos tornemos ricos?

Carião

Sim, pelos deuses, outros Midas[15] decerto, se receberdes orelhas de burro.

Coro

Como me sinto feliz e me regozijo e quero dançar, de prazer, se isso que dizes é realmente verdade.

Carião

E sem dúvida – threttanelo[16] –, imitando o Ciclope e batendo o chão, assim, com os pés, eu desejo conduzir-vos. Vamos, meus filhos, continuamente clamando e balindo os cantos dos carneirinhos e das cabras mal cheirosas, segui-me, de prepúcio repuxado! E vós comereis, à maneira dos bodes.

Coro

E por nossa vez – threttanelo –, procuraremos, balindo, surpreender o Ciclope sebento que tu és, com a tua saca e as ervas do campo úmidas, a conduzir embriagado as ovelhinhas; se por acaso te deixares dormir, procuraremos agarrar num grande sarrafo a arder, para com ele te cegar.

CARIÃO

E eu imitarei Circe de todas as maneiras, Circe que misturava os venenos, ela que persuadiu outrora, em Corinto, os companheiros de... Filônides, como se fossem porcos, a comerem a merda amassada – foi ela que a amassou para eles –, e vós, grunhindo de prazer, seguireis a mãe, ó porquinhos!

CORO

Portanto, a ti que és Circe, a que mistura os venenos e prepara os filtros e besunta os nossos companheiros, nós vamos agarrar-te por brincadeira e, imitando o filho de Laertes, suspender-te-emos pelos testículos e vamos sujar-te de escrementos o nariz como a um bode. E tu, como Aristilo,[17] de boca meio aberta, dirás: «segui a mãe, porquinhos!»

CARIÃO

Mas, deixando-vos de brincadeira, ensaiai já uma nova moda, e eu, indo lá dentro, às escondidas do patrão, pegarei pão e carne, e quero, mastigando, assim ajudar na obra.

DO CORO

CRÊMILO

Saindo de casa.

«Eu vos saúdo», caros concidadãos, é cumprimento antigo e já ultrapassado. «Eu vos abraço», porque viestes de boa vontade, esforçadamente e sem negligência. Fazei por, no resto, colaborar comigo e me ajudardes a salvar realmente o deus.

CORO

Coragem! Tu acreditarás imediatamente no meu ar marcial! Seria uma desgraça se, por causa de três óbolos, andássemos aos empurrões em cada sessão da Assembléia, e eu deixasse agora que outrem colocasse a mão a Pluto em pessoa.

CRÊMILO

E eis que eu vejo Blepsidemo que se aproxima. É visível que ouviu alguma coisa do que acontece, pelo andar e pela pressa.

BLEPSIDEMO

O que é que poderá ter acontecido? De onde e como é que Crêmilo acaba de enriquecer de repente? Não creio. Entretanto, por Hércules, havia grande falatório entre a clientela dos barbeiros, de que o homem repentinamente se tornou rico. Outra coisa me deixou surpreendido e é como ele manda chamar os amigos, agora que é feliz. Não faz coisa que se use por aqui.

CRÊMILO

Mas já vou explicar tudo, sem nada ocultar, pelos deuses! Ó Blepsidemo, estou em melhor situação econômica do que ontem, de modo que posso compartilhar contigo. És um dos meus amigos.

BLEPSIDEMO

É verdade que ficaste rico, como dizem?

CRÊMILO

Sê-lo-ei imediatamente, se um deus quiser. Mas há, há um perigo no negócio.

BLEPSIDEMO

Qual?

CRÊMILO

Qual...

BLEPSIDEMO

Diz depressa o que tens a dizer, afinal!

Crêmilo

Se formos bem sucedidos, seremos sempre felizes; mas se falharmos, estamos completamente perdidos.

Blepsidemo

Isso parece-me um mau fardo e não me agrada. Ficar assim, demasiado subitamente, demasiado rico, e, por outro lado, cheio de medo, é de homem que não fez nada de bom.

Crêmilo

Como nada de bom?

Blepsidemo

Se lá[18] roubaste alguma coisa, por Zeus, e agora vens com prata ou ouro do deus, e depois talvez te arrependas.

Crêmilo

Apolo defensor! Eu não, por Zeus, não!

Blepsidemo

Deixa de falar disparates, meu caro! Eu sei perfeitamente.

Crêmilo

Tu não me atribuas nada disso!

Blepsidemo

Oh! Como não há absolutamente nada de honesto em ninguém, mas são todos dominados pelo lucro!

Crêmilo

Não me pareces, por Deméter, estar bom da cabeça!

Blepsidemo

À parte.

Como ele mudou dos seus costumes antigos!

Crêmilo

Estás de mau humor, pelo céu, meu caro!

BLEPSIDEMO

À parte.

Mas é que nem o próprio olhar está calmo, mas revela que ele fez qualquer patifaria.

CRÊMILO

Eu sei por que crocitas. Como se eu tivesse roubado alguma coisa, procuras participar...

BLEPSIDEMO

Procuro participar? Em quê?

CRÊMILO

Mas não é o que tu pensas! É outra coisa!

BLEPSIDEMO

Então não furtaste, mas assaltaste?

CRÊMILO

Estás possesso de um mau espírito.

BLEPSIDEMO

Mas, nem tiraste nada a ninguém?

CRÊMILO

Eu? Não, de modo algum.

BLEPSIDEMO

Ó Héracles, ora vejamos, para onde é que uma pessoa há de virar-se? É que ele não quer dizer a verdade.

CRÊMILO

Estás acusando, antes de saber por mim a questão.

BLEPSIDEMO

Meu caro, eu quero tratar disso, com muito pouco gasto para ti e antes que a cidade o conheça, enchendo de moedas a boca dos oradores públicos.[19]

CRÊMILO

E entretanto, com ares de amigo, quer-me parecer, pelos deuses, que depois de gastares três minas vais fazer uma conta de doze.

BLEPSIDEMO

Já estou vendo alguém sentado no estrado do tribunal, de ramo de oliveira na mão, com filhos e mulher, e em absolutamente nada serão diferentes dos Heraclidas de Pânfilo.[20]

CRÊMILO

Não, ó infeliz, mas são exatamente apenas os bons, e os justos e os sensatos que eu farei enriquecer.

BLEPSIDEMO

Que dizes tu? Roubaste assim em tão grande quantidade?

CRÊMILO

E ele só lembrando dos males! Ainda vais perder-me!

BLEPSIDEMO

Tu é que vais perder-te a ti próprio, ao que me parece.

CRÊMILO

Não decerto, porque Pluto, meu velhaco, o tenho eu.

BLEPSIDEMO

Tu? Pluto? Qual?

CRÊMILO

O deus em pessoa.

BLEPSIDEMO

E onde está ele?

CRÊMILO

Lá dentro.

BLEPSIDEMO

Onde?

Crêmilo

Em minha casa.

Blepsidemo

Em tua casa?

Crêmilo

Exatamente.

Blepsidemo

Não irás para os corvos?[21] Pluto em tua casa?

Crêmilo

Sim, pelos deuses!

Blepsidemo

Falas verdade?

Crêmilo

Falo!

Blepsidemo

Por Héstia?

Crêmilo

Sim, por Posêidon.

Blepsidemo

Falas do deus do mar?

Crêmilo

E se há outro Posêidon, por ele também!

Blepsidemo

E então não o mandas também a nós, os teus amigos?

Crêmilo

A questão ainda não está nisso.

Blepsidemo
Que dizes tu? Não está no distribuir?

Crêmilo
Não, por Zeus, porque é preciso primeiro...

Blepsidemo
O quê?

Crêmilo
Que ambos façamos que ele veja.

Blepsidemo
Ver quem? Dizes.

Crêmilo
Que Pluto veja, como dantes, seja de que maneira for.

Blepsidemo
E ele é realmente cego?

Crêmilo
Sim, pelo céu!

Blepsidemo
Ora aí está, porque nunca foi a minha casa.

Crêmilo
Mas se os deuses quiserem, agora irá.

Blepsidemo
Então não era necessário ter trazido um médico?

Crêmilo
Mas que médico é que há agora na cidade? Nem o salário vale nada nem a ciência deles.

Blepsidemo
Olhando o público.
Vejamos.

CRÊMILO

Mas não há!

BLEPSIDEMO

Também creio.

CRÊMILO

Não, por Zeus, mas é muito melhor aquilo que eu há muito projetava, fazê-lo deitar no templo de Asclépio.

BLEPSIDEMO

Muito melhor, pelos deuses. Não empates, mas trata de fazer isso mesmo.

CRÊMILO

Aí vou eu.

BLEPSIDEMO

Depressa!

CRÊMILO

É isso mesmo que estou fazendo.

Ao sair, encontra a Pobreza.

POBREZA

Oh empresa temerária, sacrílega e ilegal, o que dois homens de nada, os desgraçados, tentam fazer! Para onde, para onde fogis vós? Por que não ficais?

BLEPSIDEMO

Héracles!

POBREZA

Eu vou destruir-vos, miseráveis, miseravelmente, porque vós os dois são de uma ousadia insuportável que não lembrou a ninguém jamais, nem deus nem homem. Por isso, morrereis!

CRÊMILO

E tu quem és? Pareces-me pálida!

BLEPSIDEMO

Talvez seja a Erínia, vinda da tragédia. Tem um olhar de loucura e de tragédia.

CRÊMILO

Mas não tem as tochas.[22]

BLEPSIDEMO

Então vai ter que chorar.

POBREZA

Mas sabes quem eu sou?

CRÊMILO

Uma taberneira ou regateira, porque não gritarias dessa maneira, sem te termos feito mal...

POBREZA

Ah, sim? Não procederam vocês de forma mais ameaçadora, ao procurarem expulsar-me de toda a terra?

CRÊMILO

Então não te resta o Báratro?[23] Mas devias dizer imediatamente quem és.

POBREZA

Eu sou a que hoje vos há de de castigar a ambos, em troca de procurardes fazer-me desaparecer.

BLEPSIDEMO

Então é ela a taberneira aqui da vizinhança, que sempre me engana nos copos?

POBREZA

A Pobreza é que eu sou, a pobreza que vive convosco, há muitos anos.

BLEPSIDEMO

Senhor Apolo e demais deuses, para onde se há de fugir? (*Foge*).

CRÊMILO

Ó tu, que fazes? Oh medrosíssimo animal, não vais ficar aqui?

BLEPSIDEMO

De jeito nenhum.

CRÊMILO

Não ficarás? Mas somos dois homens a fugir de uma única mulher?

BLEPSIDEMO

É a Pobreza, oh velhaco, o animal mais daninho que jamais existiu.

CRÊMILO

Deixa-te estar – suplico-te – deixa-te estar!

BLEPSIDEMO

Por Zeus, eu não.

CRÊMILO

E eu afirmo: faremos o maior disparate de todos, se deixarmos o deus sozinho e fugirmos, com receio desta criatura, sem lhe dar combate.

BLEPSIDEMO

Confiados em que espécie de armas ou em que força? Qual é a couraça, qual é o escudo que esta enorme patifa não faz pôr... no prego?

CRÊMILO

Coragem, porque o nosso deus sozinho, é bom que o saibas, é capaz de erguer um troféu de vitória contra as manhas desta fulana.

POBREZA

E vós ainda ousais, parelha de imbecis, grunhir, apesar de apanhados em flagrante fazendo coisas monstruosas?

CRÊMILO

E tu, má morte te venha, porque nos insultas, virando-te contra nós, apesar de nada te termos feito?

POBREZA

Com que então, pelos deuses, estais convencidos de que não me prejudicais nada, ao tentar fazer com que Pluto recupere a vista?

CRÊMILO

Ora, em que é que nós te prejudicamos com isso, se proporcionamos o bem a todos os homens?

POBREZA

E que bem é que vocês poderão ter encontrado?

CRÊMILO

Que bem? Antes de mais nada, o de te expulsarmos da Grécia.

POBREZA

Expulsar-me? E que mal maior julgais vós poder fazer aos homens?

CRÊMILO

Que mal? Se nos esquecermos de que estamos para fazer esse bem.

POBREZA

Ora sobre tal assunto eu quero dar-vos as minhas razões, antes de mais nada. E se vos provar que só eu sou a causa de todos os bens que gozais e que é, graças a mim, que vós viveis... Mas, se não provar, fazei imediatamente tudo o que vos aprouver.

CRÊMILO

E é isso que tu ousas dizer, ó imensa velhaca?

POBREZA

E tu aprende! É que estou inteiramente convencida de que vou provar-te o redondo engano em que estás, ao afirmar que vais tornar ricos os justos.

Crêmilo

Ó cacetes e golilhas,[24] não me ajudareis?

Pobreza

Não deves gemer nem gritar antes de saberes.

Crêmilo

E quem pode deixar de gritar «ui, ui», ao ouvir tais coisas?

Pobreza

Quem tem juízo.

Crêmilo

Que multa hei de requerer no processo, se fores condenada?

Pobreza

A que bem te parecer.

Crêmilo

Dizes bem.

Pobreza

Se fordes vencidos, vós tereis de sofrer também o mesmo.

Crêmilo

Achas, então, vinte mortes suficientes?

Blepsidemo

Para ela, sim; mas para nós bastarão apenas duas.

Pobreza

Não tardareis a sofrer o castigo; realmente, que justas razões é que alguém poderá opor-me ainda?

Coro

Mas é necessário que digais imediatamente alguma coisa de sábio com que vencê-la, opondo-se vós na discussão, não lhe concedendo nada que seja fácil.

Crêmilo

Eu creio ser óbvio que todos nós reconhecemos, por igual, que é justo serem os homens bons felizes e que os maus e os sem-deus sejam o contrário disso, naturalmente. Era isso que procurávamos e que dificilmente encontrávamos: um plano belo e nobre e útil em todas as circunstâncias. Se agora Pluto vir, e não vaguear como cego que é, ele dirigir-se-á àqueles homens que são bons e não os abandonará. E fugirá dos maus e ateus. E depois fará que todos sejam bons e ricos – naturalmente – e respeitadores da divindade. E quem jamais poderá descobrir alguma coisa melhor do que isso, para os homens?

Blepsidemo

Ninguém, disso eu sou testemunha. Não perguntes nada a ela.

Crêmilo

Da maneira que a vida está agora para os homens, quem não acreditará que ela é loucura e, mais ainda, obra de um gênio malfajezo? É que muitos dos homens que são maus enriquecem, juntando riquezas com injustiça. Ao passo que muitos que são ótimos são infelizes, passam fome e (*À Pobreza*) ficam na tua companhia a maior parte do tempo. (*Para Blepsidemo*) Não, eu afirmo que se Pluto recuperar a vista e inutilizar esta criatura, há um caminho que, uma vez percorrido, dará aos homens maiores bens.

Pobreza

Mas ó, dentre os mortais todos, aqueles dois que mais facilmente se deixaram seduzir, dois velhos, consócios do tíaso[25] do disparate e da tolice! Se acontecesse isso que desejais, garanto que não vos seria útil. Se Pluto voltasse a ver de novo e se repartisse por igual, ninguém mais dentre os homens se preocuparia com a arte ou com a sabedoria. E tendo vós feito desaparecer estas duas, quem quererá trabalhar os metais, construir navios, coser tecidos, fazer rodas, cortar o couro, moldar tijolos, lavar, fazer correias ou «com o arado rasgando da terra a superfície, colher o fruto de Deméter»,[26] se vos for possível viver na ociosidade, sem vos preocupardes com isso?

Crêmilo

Só dizes asneiras. Tudo isso que acabas de enumerar, os criados que o agüentem.

POBREZA

Onde tu arranjarás os criados?

CRÊMILO

Comprá-los-emos com dinheiro, naturalmente.

POBREZA

Quem é que, para começar, os vende, quando também tem dinheiro?

CRÊMILO

Alguém que queira ganhar, um comerciante que chegue da Tessália onde há insaciáveis ladrões de escravos.

POBREZA

Mas, antes de mais nada, não haverá nenhum traficante de escravos, segundo, naturalmente, o plano de que falas. Quem é que quererá, sendo rico, correr o risco de perder a própria vida,[27] para fazer isso? Desse modo, tu próprio serás forçado a lavrar o campo e a cavar e a mourejar em tudo o mais e levarás uma vida muito mais dolorosa do que a atual.

CRÊMILO

Raios te partam![28]

POBREZA

Depois nem podereis dormir na cama – não haverá camas nem tapetes – quem quererá tecê-los, havendo dinheiro? Nem perfumar a noiva com perfumes finos quando a conduzirdes à casa, nem ornamentá-la com custosos mantos tingidos de desenhos coloridos. E realmente, de que vale ser rico, estando privado de tudo isso? Comigo, todavia, está à vossa disposição tudo aquilo de que precisais, porque eu fico aqui como uma patroa que força o trabalhador manual, por meio da necessidade e da pobreza, a procurar os meios de vida.

CRÊMILO

Ora tu, que bem poderás proporcionar a não ser queimaduras de balneário e o tumulto de crianças esfomeadas e das velhotas? E nem falar da multidão de piolhos e mosquitos e pulgas que aborrecem, zumbindo em torno da cabeça, acordando-nos e dizendo: «Terás fome, mas levanta-te!». Além de tudo isso, ter andrajos em vez de um manto; em vez de uma cama, uma esteira de junco, inçada de percevejos, que acorda quem dorme; e ter palha podre em vez de tapete; em vez de um travesseiro uma pedra bem grande para a cabeça; comer, em vez de pão, rebentos de malva e, em vez de bolos, folhas moles de rábano; ter em vez de um banco a cabeça de um cântaro partido; e em vez de uma amassadeira, o lado de um tonel, e esse mesmo com fendas. Não estou eu mostrando que tu és a causa de muitos bens para todos os homens?

POBREZA

Tu não falaste da minha vida, mas atacaste a dos mendigos.

CRÊMILO

Então não é verdade que se diz que a pobreza é irmã da mendicidade?

POBREZA

Sim, vocês, os que também dizem que Dionísio[29] é semelhante a Trasíbulo. Mas a minha vida não passa por tais carências, não por Zeus, nem há de passar. Essa vida de que tu falas é a do mendigo, a vida de quem nada tem. Mas a vida do pobre é a de quem poupa e se aplica ao trabalho, a quem nada sobra, decerto que não, mas também nada falta.

CRÊMILO

Que feliz, ó Deméter, essa vida do pobre de quem tu falas, se depois de poupar e de penar não deixará com que ser enterrado.

POBREZA

Tu tentas fazer troça e ridicularizar, sem te preocupares com o lado sério, não sabendo que eu faço melhores cidadãos do que Pluto, no pensamento e no aspecto físico. Os dele são os reumáticos e barrigudos, de pernas pesadas e escandalosamente gordos. Ao passo que os meus são magros, de cintura de vespa, e incômodos aos inimigos.

CRÊMILO

É talvez com a fome, que tu lhes arranjas a cintura de vespa.

Pobreza

Da sabedoria eu já vou tratar e provar-vos-ei que a moderação[30] mora comigo e que de Pluto é própria a insolência.

Crêmilo

Então furtar e arrombar as casas é o cúmulo da moderação.

Pobreza

Ora, observa nas cidades os oradores, como eles, enquanto são pobres, são justos com o povo e com a cidade, mas quando enriquecem à custa dos dinheiros públicos, imediatamente se tornam injustos e conspiram contra a plebe e fazem guerra ao povo.[31]

Crêmilo

Não mentes em nada disso, não, embora tenhas língua muito ferina, mas nem por isso hás de chorar menos – não estejas a enfeitar-te! – visto que tentas persuadir-nos de que é melhor a pobreza do que a riqueza!

Pobreza

E tu não és capaz de provar-me o contrário, mas só dizes disparates e coisas no ar.

Crêmilo

E então como é que todos fogem de ti?

Pobreza

Porque os faço melhores. Pode ver-se muito bem o que acontece com as crianças. Fogem dos pais, porque estes só querem o bem delas. De tal modo, conhecer o que é justo é coisa difícil.

Crêmilo

Queres então dizer que Zeus não sabe corretamente o que é melhor, porque também ele possui a riqueza.

Blepsidemo

Apontando a Pobreza.

E esta, manda-a para nós.

POBREZA

Mas ó vós que tendes verdadeiramente remela no juízo, ambos, a remela de Cronos, naturalmente que Zeus é pobre, e isso já vos mostrarei claramente. Se ele fosse rico, como é que estabelecido os jogos olímpicos, onde se reúnem todos os gregos, sempre, de quatro em quatro anos, proclamaria por meio de um arauto os vencedores das provas, coroando-os com uma coroa de oliveira? Devia antes coroá-los de ouro.

CRÊMILO

E não mostra ele com isso naturalmente que aprecia o ouro? Economizando e nada querendo gastar, coroa os vencedores com uma bagatela e guarda o ouro para si.

POBREZA

Estás tentando arranjar-lhe uma reputação muito mais vergonhosa que a de pobreza, se, sendo ele rico, é tão avarento e ávido de lucro.

CRÊMILO

Que Zeus te destrua, depois de te coroar de oliveira!

POBREZA

E vocês a ousarem contradizer-me, afirmando que todos os bens não vos vêm da pobreza!

CRÊMILO

É à Hécate[32] que convém perguntar o que é melhor, se ter fome ou ser rico, porque ela diz que os influentes e ricos vêm oferecer-lhe mensalmente um jantar, ao passo que os pobres o roubam ainda antes de o oferecerem. Mas tu, vai-te matar e não grunhas, seja o que for! Não me persuadirás, mesmo que queiras.

POBREZA

Ó cidade de Argos, ouvi o que ele diz![33]

CRÊMILO

Chama por Páuson,[34] o teu comensal!

POBREZA

Ai de mim, que vai acontecer-me?

CRÊMILO

Vai-te daqui para os corvos, bem depressa!

POBREZA

Vou para onde?

CRÊMILO

Para a golilha, e sem hesitações, mas depressa.

POBREZA

Asseguro que vós ainda me haveis de mandar chamar.

CRÊMILO

Nessa hora regressarás. Agora vai-te matar. Para mim é preferível enriquecer e deixar que chores muito por ti própria. (*Vai-se embora*).

BLEPSIDEMO

Sim, por Zeus, eu quero enriquecer e viver regaladamente com filhos e mulher e, depois de tomar banho, sair reluzente do balneário, a dar peidos para os artesãos e para a Pobreza.

CRÊMILO

Essa safada lá se foi. Tu e eu levaremos o mais depressa possível o deus a dormir no templo de Asclépio.

BLEPSIDEMO

E não demoremos, não vá alguém voltar a impedir que façamos o que é necessário.

CRÊMILO

Voltado para casa.

Olá, Carião, meu criado, devias transportar o colchão e levar contigo o próprio Pluto, como é de uso, com tudo o mais que lá dentro está preparado.

Carião sai de casa com um embrulho, levando Pluto pela mão. Todos saem pela direita.

DO CORO[35]

Carião

Ó velhos que nas festas de Teseu, na maior parte das vezes, arrebanháveis a sopa com muito pouco pão, como sois felizes, como tudo vos corre bem, a vós e aos outros dotados de bons costumes!

Coro

Que se passa, meu caro, com os teus amigos? Pareces realmente vir como mensageiro de uma boa notícia.

Carião

O meu patrão teve a melhor sorte possível, ou antes, teve-a o próprio Pluto. Em vez da cegueira, «vê perfeitamente e brilham as suas pupilas, por ter encontrado propício Asclépio que cura».[36]

Coro

Falas-me de um acontecimento alegre, falas-me de um motivo de exclamações.

Carião

É ocasião de alegria, quer queirais quer não.

Coro

Vou gritar o nome de Asclépio, feliz nos seus filhos e grande luz para os mortais.

Sai de casa a mulher de Crêmilo.

Mulher

Que barulho é esse afinal? Acaso se anuncia alguma boa nova? Há muito que anseio por ela, sentada lá dentro, à espera desse que aí vem.

CARIÃO

Depressa, depressa, traga vinho, senhora, para que tu bebas também – (*À parte*) é coisa que muito gostas de fazer –, visto que, em suma, eu te trago todos os bens.

MULHER

E onde estão os bens?

CARIÃO

Naquilo que vou dizer. Em breve, saberás tudo.

MULHER

Diz depressa o que tens a dizer, vamos, acaba!

CARIÃO

Ouve, então! Vou contar-te todo o caso dos pés à cabeça.

MULHER

Não, à minha cabeça, não![37]

CARIÃO

Nem o bem que acaba de acontecer?

MULHER

Não, evidentemente, os conflitos.

CARIÃO[38]

Logo que chegamos junto do deus, levando este que era então o mais desgraçado dos homens, e agora bem-aventurado e feliz mais do que nenhum outro, em primeiro lugar conduzímo-lo ao mar, depois lavámo-lo.

MULHER

Com ironia.

Sim, por Zeus, estava mesmo feliz um homem velho lavado com água fria do mar.

CARIÃO

Depois fomos ao recinto sagrado do deus. E quando sobre o altar foram consagrados bolos e oferendas, «farinha sagrada que ardeu no fogo de Hefesto», colocamos Pluto, como é natural. E cada um de nós arranjou o seu leito de folhagem.

MULHER

Havia também outros que rezavam ao deus?

CARIÃO

Um, pelo menos, Neoclides[39] que é cego, mas ultrapassa em roubalheira os que vêem. E muitos outros, cada um com sua doença. E quando apagou as lucernas e nos mandou dormir, o criado do deus, dizendo que nos calássemos, se alguém ouvisse um ruído, todos nós nos deitamos sossegadamente. E eu não era capaz de dormir, mas deixava-me maluco uma tigela de açorda que estava um pouco desviada da cabeça de certa velhota. E eu desejava extraordinariamente arrastar-me até à tigela. Depois, olhando, vejo o sacerdote fazendo mão baixa nos bolos e nos figos secos de cima da mesa sagrada. E, depois disso, ele andou em torno de todos os altares, à procura de um bolo onde quer que ele estivesse abandonado. E em seguida consagrava tudo para dentro de um saco. E eu, convencido da muito santidade do meu ato, ergo-me para a tigela de açorda.

MULHER

Ó desgraçadíssimo entre os homens, não receavas o deus?

CARIÃO

Sim, pelos deuses, que se antecipasse a mim, indo em direção à marmita, com coroa e tudo. O sacerdote dele tinha-mo ensinado, por antecipação. Mas a velhota, quando sentiu o ruído que eu fiz, meteu a mão, à socapa. E eu então assobiei e mordi-a com os dentes, como se fosse a serpente sagrada. E ela imediatamente recolheu a mão e deitou-se enrolada sossegadamente, de terror dando peidos mais fedorentos do que uma doninha. E já então eu comia a maior parte da marmita e depois, quando me enchi, parei.

MULHER

E o deus não se aproximava de vós?

CARIÃO

Ainda não. E depois disso é que eu fiz uma coisa também de muito riso. Quando ele se aproximava, dei um grande peido, porque tinha a barriga inchada.

MULHER

Certamente, com isso é que ele ficou logo agoniado contigo.

CARIÃO

Não, mas uma tal Iaso, que o acompanhava, ficou um pouco corada e Panacéia[40] afastou-se, apertando o nariz. É que os meus peidos não são de incenso.

MULHER

E o deus?

CARIÃO

Por Zeus, nem prestou atenção.

MULHER

Estás então dizendo que o deus é um rústico?

CARIÃO

Eu nunca diria isso, mas é um «come-merda».[41]

MULHER

Oh infeliz de ti!

CARIÃO

Depois, eu cobri-me depressa, com medo, e ele andou em volta observando as doenças, em muito boa ordem. Em seguida, um escravo apresentou-lhe um almofarizinho de pedra e um pilão e uma caixinha.

MULHER

De pedra?

CARIÃO

Evidentemente que não, por Zeus, a caixinha não.

Mulher

E como é que tu viste, ó grande velhaco, se dizes que estavas encoberto.

Carião

Através do manto, porque tinha não poucos buracos, por Zeus. Em primeiro lugar, ele começou a preparar uma cataplasma para Neoclides, colocando lá dentro três cabeças de alho de Tenos. Depois, esmagou-as no almofariz, juntando-lhes suco de figueira e lentisco; depois, dissolveu-o em vinagre de Esfeto e untou-lhe as pálpebras, revolvendo-as de dentro para fora, para que doessem mais. E ele, gritando e vociferando, fugia aos pulos. E o deus riu-se e disse: «Agora, deixa-te aí ficar com a tua cataplasma, para que, graças a mim, não mais faças juramentos perante as assembléias».[42]

Mulher

Como deus é sábio e amigo da cidade!

Carião

Depois disso, ainda se sentou ao lado de Pluto, e, para começar, tocou-lhe na cabeça. Em seguida, pegou num pano limpo e limpou-lhe as pálpebras em volta. Quanto à Panacéia, cobriu-lhe a cabeça com um pano vermelho, assim como todo o rosto. Depois, o deus assobiou. Logo saltaram do templo duas serpentes de enorme grandeza.

Mulher

Oh bons deuses!

Carião

As duas introduziram-se sossegadamente sob o pano vermelho e lambiam-lhe as pálpebras, ao que me parecia. E em menos tempo do que tu precisas para beber dez[43] copos de vinho, Pluto, oh senhora, erguera-se e via. Eu, por mim, bati as palmas de prazer e acordei o meu senhor. O deus rapidamente desapareceu, ele e as serpentes, para o templo. E os que estavam deitados junto de Pluto, não imaginas como o abraçaram e toda a noite estiveram acordados até que o dia raiou. Eu, por mim, elogiava muitíssimo o deus, porque fez que Pluto visse depressa e a Neoclides o tornou ainda mais cego.

MULHER

Como é grande o teu poder, ó deus senhor! Mas dize-me: onde está Pluto?

CARIÃO

Vem a caminho. Mas havia em torno dele uma enorme multidão. Os que eram justos anteriormente e levavam vida modesta, abraçavam-no, faziam-lhe sinais com a mão direita, todos cheios de prazer. E os que eram ricos e tinham abundantes bens, à custa de injustiças, franziam o sobrolho e estavam com ar carrancudo. Mas os outros seguiam atrás, cobertos de coroas, rindo e dizendo palavras de satisfação. «E ressoava o tamanco dos velhos, em passos bem ritmados».[44] Mas ide, todos vós a um tempo dançai e pulai e fazei bailes, porque ninguém virá anunciar-vos, ao entrardes em casa, que não há farinha no saco.

MULHER

Por Hécate, e eu quero coroar-te[45] com uma fila de pãezinhos, por trazeres tão boas notícias.

CARIÃO

Então não demores, visto que os homens já estão perto da porta.

MULHER

Eia pois, vou lá dentro tratar dos confeitos com que hei de celebrar os recém-adquiridos...[46] olhos. (*Entra em casa*).

CARIÃO

Para os espectadores.

E eu quero ir ao encontro daquela gente. (*Sai pela direita*).

DO CORO

Da direita, vêm Pluto e Crêmilo.

Pluto

E eu saúdo,[47] em primeiro lugar, o sol, depois o solo glorioso da veneranda Palas, e toda a região de Cécrops que me acolheu. Por outro lado, envergonho-me das minhas infelicidades, dos homens que eu acompanhava, sem o saber, enquanto fugia dos que mereciam a minha companhia, por ignorância minha. Infeliz de mim, que não fazia bem nem num caso nem no outro. Mas mudando ao revés toda a minha conduta, mostrarei para o futuro a todos os homens que foi contra minha vontade que eu me entreguei aos maus.

Crêmilo

Que vão para os corvos! Como é coisa difícil os amigos que aparecem de repente quando uma pessoa tem um êxito. É que apertam e ferem as canelas, cada um deles demonstrando uma certa boa vontade. A mim, quem não saudou? Que multidão de velhos não me rodeou na Ágora?

Mulher

De Crêmilo, saindo de casa.

Ó homem queridíssimo, eu te saúdo! E a ti, e a ti! (*Para Pluto*) Ora vá – trata-se de um costume – vou pegar nestas guloseimas e colocá-las pela tua cabeça abaixo.

Pluto

De forma nenhuma. Realmente, ao entrar na casa, pela primeira vez, desde que vejo, não é conveniente levar dela seja o que for, mas sim levar para ela.

Mulher

Não aceitarás então as guloseimas?

Pluto

Lá dentro, junto da lareira, conforme o costume. Depois, escaparemos também à vulgaridade, porque não é decente para o poeta dramático lançar figos secos e doces[48] aos espectadores para deste modo lhes provocar o riso.

Mulher

Dizes muito bem. Aí está Dexínico aqui presente que se levantava para por a mão nos figos.

Entram todos em casa. O coro dança.

DO CORO

Terminada a dança,Carião sai de casa.

CARIÃO

Para o Coro.

Como é agradável ser feliz, senhores, e isso sem nada trazermos de casa. É que nos caiu em casa um monte de bens sem fazermos mal a ninguém. Ser rico desta maneira é bem doce coisa. A arca está cheia de farinha branca, e as ânforas de vinho tinto perfumado. Todos os recipientes que temos estão cheias de prata e ouro, coisa de muito admirar. A cuba está cheia de azeite e os frascos transbordam de perfume e o andar superior cheio de figos secos. A galheta do vinagre e a escudela e a panela tudo se tornou de bronze. E os pratinhos podres, que servem para peixe, é possível vê-los de prata. A lanterna[49] tornou-se-nos de repente de marfim. E nós, os criados, jogamos par ou ímpar com estateres[50] de ouro. E já não nos esfregamos com pedras mas com dentes de alho, constantemente, de puro gozo. E agora o senhor, lá dentro, de coroa na cabeça, sacrifica um porco, um bode e um carneiro. Quanto a mim, o fumo enviou-me cá para fora, por não ser capaz de me agüentar lá dentro. É que o fumo mordia-me as pálpebras.

Do lado direito, entra um cidadão satisfeito, com um garoto que transporta manto e sapatos, tudo em mau estado.

O JUSTO

Segue-me, pequeno. Vamos encontrar com o deus.

CARIÃO

Opa! Quem é este que entra aqui?

JUSTO

Um homem que antes era infeliz e agora é afortunado.

CARIÃO

Vê-se bem que és do número dos bons, como parece.

JUSTO

Sem dúvida.

CARIÃO

E então, que é que te falta?

JUSTO

Venho encontrar o deus, porque ele é para mim a causa de grandes bens. Eu recebi uma fortuna suficiente de meu pai e costumava socorrer os meus amigos necessitados, convencido de que esse procedimento era útil na vida.

CARIÃO

Naturalmente, logo o dinheiro te faltou.

JUSTO

De fato.

CARIÃO

Portanto, a partir daí foste infeliz.

JUSTO

Realmente. E eu estava convencido de que aqueles que até então ajudara, quando estavam em apertos, haviam de ser realmente meus amigos seguros, se alguma vez eu viesse a precisar. Mas eles afastavam-se de mim e pareciam já não me ver.

CARIÃO

E riam-se de ti, tenho certeza.

JUSTO

De fato. Fiquei sem dinheiro e sem recursos e isso matou-me. Mas não agora! E é por isso que eu venho rezar ao deus, com toda a razão, neste local.

CARIÃO

E este manto gasto que significa, pelos deuses, este manto que traz o escravozinho que te acompanha? Diz.

JUSTO

Também venho dedicá-lo ao deus.

CARIÃO

Por ventura, foi nele que foste iniciado[51] nos Grandes Mistérios?

JUSTO

Não, mas foi nele que vivi enregelado treze anos.

CARIÃO

E estes pobres sapatos?

JUSTO

Também passaram os invernos comigo.

CARIÃO

E vieste então ofertá-los?

JUSTO

Sim, por Zeus.

CARIÃO

Bonitos presentes que vens trazer ao deus!

Entra um sicofanta com uma testemunha.

SICOFANTA

Infeliz de mim, como estou perdido, desgraçado que sou! E três vezes infeliz, e quatro e cinco vezes, e doze e dez mil vezes! Oh, oh! De tal modo estou submerso num destino cheio de infelicidades!

CARIÃO

Apolo defensor e deuses amigos, que mal é esse de que o homem sofre?

SICOFANTA

Não acabo de passar males terríveis, perdendo tudo o que tinha em casa, por causa desse deus que há de voltar a ser cego, se a justiça não me abandonar?

JUSTO

Para Carião.

Creio que conheço mais ou menos o caso. Apresenta-se um homem que é infeliz e tem cara de pertencer aos de mau caráter.

CARIÃO

Sim, por Zeus, com toda a razão, naturalmente, está perdido.

SICOFANTA

Onde, onde está o que prometia sozinho fazer-nos a todos ricos depressa, se pudesse voltar a ver de novo? Ele, muito mais do que isso, destruiu alguns.

CARIÃO

E então a quem fez ele esse mal?

SICOFANTA

A mim que aqui vedes.

CARIÃO

Por ventura, eras tu dos patifes e dos arrombadores?

SICOFANTA

Não, por Zeus, mas é em vós que não há nada de são, e não é possível que não tenhais os meus bens.

CARIÃO

Com que ferocidade, oh Deméter, se apresentou o sicofanta. É claro que está com uma fome de boi.[52]

SICOFANTA

Tu não vais correr à Ágora! É que lá, torturado na roda,[53] tens de dizer as patifarias que cometeste.

CARIÃO

Tu é que hás de gemer!

JUSTO

Por Zeus salvador, merece a gratidão de todos os gregos este deus, se destruir bem destruídos os patifes dos sicofantas.

SICOFANTA

Infeliz de mim! Então também tu, que participas do roubo, ris de mim? Ora, donde é que recebeste este manto? Ontem eu te vi com uma capinha gasta.

JUSTO

Não me preocupo nada contigo, porque trago este anel que vês, comprado a Eudemo,[54] por uma dracma.

CARIÃO

Mas nada vale contra a mordedura de sicofanta.

SICOFANTA

Então não é isso muita insolência? Troçais e não dizeis o que fazeis aqui. Vós os dois não estão aqui para coisa boa.

CARIÃO

Não, por Zeus, não para ti, fica-o sabendo.

SICOFANTA

Sim, vós os dois, por Zeus, vão jantar do que é meu.

Justo

Como isso é verdade, assim tu, com a tua testemunha, te rebentes...

Carião

Cheio de coisa nenhuma.

Sicofanta

Vós negais? Lá dentro, ó grandissíssimos velhacos, há muita abundância de filés de peixe e de carnes assadas. Uh, uh, uh!

Carião

Oh infeliz, cheira-te a alguma coisa?

Justo

Talvez à frieza, visto que está vestido com capa tão fraca.

Sicofanta

É isso suportável, então, ó Zeus e deuses, que estes indivíduos me tratem com insolência? Ai de mim, como sofro por ser bom e amigo da cidade e por passar mal!

Justo

Tu, amigo da cidade e homem bom?

Sicofanta

Como ninguém mais.

Justo

E, entretanto, responde às minhas perguntas.

Sicofanta

O quê?

Justo

És lavrador?

Sicofanta

Julgas que sou assim tão maluco?

JUSTO

Então és negociante?

SICOFANTA

Sim, finjo sê-lo, quando convém.

JUSTO

Afinal, o quê? Não aprendeste um ofício?

SICOFANTA

Não, por Zeus.

JUSTO

Como ganhavas então a vida ou donde, se nada fazias?

SICOFANTA

Sou curador dos negócios da cidade e de todos os negócios particulares.

JUSTO

Tu? Mas a que propósito?

SICOFANTA

Basta eu querer.

JUSTO

Como tu podes ser bom, ó arrombador de paredes,[55] se nada disso te diz respeito e, ainda por cima, és odiado?

SICOFANTA

Não me diz respeito prestar serviços à minha cidade, pateta,[56] na medida das minha forças?

JUSTO

Com que então meter o nariz na vida alheia é prestar serviços?

SICOFANTA

Sim senhor, é socorrer as leis existentes e não deixar passar, se alguém prevarica.

Justo

Então a cidade não estabelece expressamente que os juízes superintendam nessa matéria?

Sicofanta

E quem é o acusador?

Justo

Quem quiser.

Sicofanta

Portanto, esse tal sou eu, por tal forma que em mim vêm a dar os negócios da cidade.

Justo

Por Zeus, fraco curador tem ela, então! E tu não gostarias de estar tranqüilo e viver sem trabalho?

Sicofanta

Mas essa vida de que falas é boa para carneiros, se não houver um interesse qualquer na vida.

Justo

Não mudarás de pensamento?

Sicofanta

Nem mesmo que me entregues Pluto em pessoa e o beijoim de Bato.[57]

Carião

Pousa aí o manto, depressa. (*O sicofanta fica imóvel*).

Justo

Ó tu, ele está falando contigo.

Carião

A seguir, descalça-te. (*Sicofanta, imóvel*).

Justo

Tudo isto é contigo.

SICOFANTA

E, enquanto isso, venha encontrar aqui comigo aquele de vós que quiser.

CARIÃO

Portanto, esse sou eu. (*Despe e descalça o sicofanta*)

SICOFANTA

Infeliz de mim, que me despem em pleno dia!

CARIÃO

Tu achas que mereces o que comes, metendo-te na vida alheia?

SICOFANTA

Para a testemunha que foge.

Vês o que ele faz? Tomo-te como testemunha dos seus atos.

CARIÃO

Olha, a testemunha que trazias, lá se vai.

SICOFANTA

Infeliz de mim, estou sem ajuda!

CARIÃO

E agora gritas?

SICOFANTA

Infeliz de mim, uma e outra vez!

CARIÃO

Dê-me a capa velha, para com ela vestir este sicofanta.

JUSTO

De jeito nenhum, porque está consagrada, há muito, a Pluto.

CARIÃO

Depois, onde é que ficará com mais perfeição, do que num velhaco arrombador de paredes? O apropriado é ornamentar Pluto com belos mantos.

JUSTO

E das chinelinhas que vai fazer-se? diz-me.

CARIÃO

Também essas as pregarei imediatamente na fronte deste indivíduo, como uma oliveira selvagem.

SICOFANTA

Vou-me embora, porque reconheço que estou em situação de muita inferioridade em relação a vós. Mas se apanho um aliado, ainda que de pau de figueira,[58] hoje mesmo farei castigar esse rígido deus, porque corrompe a democracia,[59] visivelmente, sendo um só e não persuadindo nem o Conselho dos cidadãos nem a Assembléia.

JUSTO

E certamente, quando caminhares envergando a minha panóplia,[60] corre para o balneário. Depois, aí ocupa o primeiro lugar e aquece-te. Também eu ocupei esse posto, em outro tempo.

CARIÃO

Mas o homem do balneário arrastá-lo-á para a porta, agarrando-lhe pelos testículos, porque, ao vê-lo, reconhecerá que pertence àquele mau caráter.[61] E nós entremos, para que prestes culto ao deus.

DO CORO

Uma velha gaiata entra pela direita, seguida de uma criada com um prato de doces.

VELHA

Por ventura, ó bons velhos, chegamos nós realmente à casa desse novo deus ou erramos completamente o caminho?

CORO

Sabe que chegastes à própria porta, mocinha![62] Perguntas a propósito.

VELHA

Ora vejamos! Vou chamar algum dos que estão lá dentro.

CRÊMILO

Para a Velha.

Não faças isso, porque eu em pessoa venho cá fora. Mas tens de dizer o motivo principal por que vieste.

VELHA

Acabo de sofrer ofensas terríveis e contra a lei, meu querido! Desde que esse deus começou a ver, ele fez com que a minha vida não se pudesse viver.

CRÊMILO

Mas o que se passa? Acaso eras tu também mulher-sicofanta entre as mulheres?

VELHA

Não, por Zeus, eu não.

CRÊMILO

Mas sem te ter saído a sorte por escrito, bebias.[63]

VELHA

Estás fazendo troça, enquanto a desgraçada de mim me consumo.

CRÊMILO

Não te resolverás dizer que consumição é essa?

VELHA

Ora ouve! Eu tinha um mocinho por amigo, pobrezinho, mas bem parecido e belo e bom. Se eu precisava de alguma coisa, ele tudo fazia ao meu serviço com delicadeza e graça. E eu, pela minha parte, servia-o em todos os seus desejos.

CRÊMILO

E o que é que ele mais te pedia, de cada vez?

VELHA

Não era muito, porque, na verdade, ele tinha de mim um acanhamento excepcional. Costumava pedir-me, em dinheiro, vinte dracmas para um manto e oito para sapatos. Incitava-me a comprar uma tunicazinha para as irmãs e um mantozinho para a mãe; e pedia-me quatro medimnos de trigo.

CRÊMILO

Não é muito, realmente, por Apolo, isso que mencionaste. Mas é evidente que ele se envergonhava de ti.

VELHA

E isso, realmente, não era por ganância que mo pedia, segundo ele afirmava, mas por amizade, para se lembrar de mim, quando vestia a minha túnica.

CRÊMILO

É de fato um homem com um amor muito excepcional.[64]

VELHA

Mas agora o desavergonhado já não tem o mesmo pensamento, mas mudou inteiramente. Quando lhe mandei este bolo que aqui vês e as outras guloseimas que estão sobre a bandeja, dando-lhe a entender que iria ao cair da tarde...

CRÊMILO

Que fez ele? Diz-me.

VELHA

Devolveu-mo com este papel de creme, e com a condição de nunca mais ir lá e ainda acrescentou, ao enviá-lo, que «outrora eram poderosos os milésios».[65]

CRÊMILO

Vê-se que não tinha mau caráter. Depois, quando enriqueceu, já não se contenta com sopa de lentilhas. Dantes, levado pela pobreza, comia tudo.

Velha

Mas, antes, pelas duas deusas, ele vinha todos os dias à minha porta.

Crêmilo

Ao teu enterro?

Velha

Não, por Zeus, mas porque só gostava de ouvir a minha voz.

Crêmilo

Ou melhor, para receber...

Velha

E, por Zeus, se me via triste, chamava-me carinhosamente patinha e pombinha.

Crêmilo

A seguir, talvez te pedisse dinheiro para uns sapatos...

Velha

E nas festas dos Grandes Mistérios, por Zeus, porque alguém olhou para mim no carro,[66] bateu-me, por esse motivo, o dia inteiro. A tal ponto era ciumento o rapazinho.

Crêmilo

Ao que parece, gostava de ser só ele a comer.

Velha

E dizia que eu tinha as mãos lindíssimas...

Crêmilo

Principalmente, quando exibiam as vinte dracmas.

Velha

E afirmava que a minha pele cheirava bem...

Crêmilo

Se lhe servias vinho de Tasos,[67] naturalmente, por Zeus.

Velha

E como o meu olhar era terno e belo...!

Crêmilo

Não era bronco o sujeito, mas sabia comer os recursos de uma velha no cio...

Velha

Eis pois uma coisa em que o deus, ó meu caro amigo, não procede com justiça, ele que afirma socorrer sempre os que sofrem injustiças.[68]

Crêmilo

Que há de ele fazer? Diz e far-se-á.

Velha

É justo, por Zeus, que ele force aquele a quem eu fiz bem, por sua vez, a proceder bem comigo? Ou é justo que eu não receba recompensa nenhuma?

Crêmilo

Então ele não te retribuía em cada noite?

Velha

Mas dizia que nunca havia de deixar-me, enquanto eu fosse viva.

Crêmilo

Muito bem. E agora crê que tu já não vives.

Velha

Estou derretida de dor, meu querido!

Crêmilo

Não, mas apodrecida, ao que me parece.

Velha

Poder-me-ias fazer passar por um anel.

CRÊMILO

Se o anel fosse por acaso o círculo da peneira.

Pela direita, entra um jovem de coroa na cabeça e tocha acesa na mão.

VELHA

Eis que lá vem o tal rapazinho que justamente, há muito, eu acusava. Parece que vai para uma festa.

CRÊMILO

Tem ar disso. Ele caminha de coroa na cabeça e tocha na mão.

JOVEM

Para a Velha.

As minhas saudações![69]

VELHA

Que diz ele?

JOVEM

Minha vetusta amiga, depressa embranqueceste, pelo céu!

VELHA

Infeliz de mim, pela insolência com que sou tratada.

CRÊMILO

Parece que há muito tempo não te vê.

VELHA

Qual muito tempo, ó infeliz![70] Ele esteve em minha casa, ontem!

CRÊMILO

Acontece-lhe ao contrário da maioria, portanto: ao que parece, este vê melhor, quando está bêbado.

Velha

Nada disso, ele é sempre sem educação nem maneiras.

Jovem

Ó Posêidon marinho e deuses da velhice, quantas rugas ela tem no rosto!

Velha

Ah, ah! Não chegues a mim a tocha!

Crêmilo

Ela diz bem, porque se uma só faísca lhe tocar, queimá-la-á como a um velho ramo de oliveira.[71]

Jovem

Queres brincar comigo, um pouco?

Velha

Onde, ó infeliz?[72]

Jovem

Aqui mesmo, com nozes.

Velha

Que brincadeira[73] é essa?

Jovem

Quantos dentes tens.

Crêmilo

Mas sabê-lo-ei, também eu. Tem talvez uns três ou quatro.

Jovem

Paga! Só é portadora de um molar.

Velha

Oh, o mais infeliz dos homens, não creio que estejas no teu juízo, ao lavar a minha roupa suja, diante de tanta gente.

Jovem

Para a Velha.

Serias feliz certamente, se alguém te lavasse bem.

Crêmilo

Com certeza que não, e aqui há vigarice. (*Para a velha*) Mas se alguém lavar essa camada de alvaiade, verá claramente as rugas do rosto.

Velha

Apesar de seres um homem velho, não me pareces bom do juízo.

Jovem

É que ele está, talvez, provocando-te e toca-te os seiozinhos, pensando que eu não estou vendo.

Velha

Por Afrodite, não os meus, ó mentiroso que tu és.

Crêmilo

Por Hécate, evidentemente que não. Só se eu estivesse louco. Mas tu, rapazinho, não consinto que desprezes esta mocinha.

Jovem

Mas eu estou louco por ela!

Crêmilo

E, entretanto, ela acusa-te.

Jovem

Acusa-me de quê?

Crêmilo

Diz que és insolente e afirmas que «outrora eram poderosos os milésios».

Jovem

A respeito dela não vou brigar contigo.

CRÊMILO

Por que?

JOVEM

Por consideração pela tua idade, porque nunca consentiria a outro qualquer que o fizesse. Mas agora, vai-te satisfeito, levando contigo a moça.

CRÊMILO

Bem percebo o teu pensamento; já não dás valor, talvez, a estar com ela...

VELHA

E quem é que vai consentir?

JOVEM

Eu não conversaria com uma mulher devassada por treze mil destes... (*Aponta para a assistência*)

CRÊMILO

Todavia, porque achavas bem beber o vinho, tens que beber também a borra.

JOVEM

Mas é uma borra muito velha e podre.

CRÊMILO

Ora, o filtro da borra curará tudo isso. Mas vai lá para dentro.

JOVEM

Quero, portanto, ir consagrar ao deus esta coroa que trago.

VELHA

E eu quero também dizer-lhe uma coisa.

JOVEM

Então eu, por mim, não entrarei.

CRÊMILO

Ânimo, não receeis! Ela não te forçará.

Jovem

Ora, dizes muito bem, porque bastante tempo eu já a untei por baixo, anteriormente.

Velha

Põe-te a caminho, que eu irei atrás. (*Entram ambos*).

Crêmilo

Com que vigor, ó Zeus soberano, a boa da Velha se agarrou ao rapazinho, como se fosse um caramujo. (*Entra*).

DO CORO

Do lado esquerdo aparece Hermes que bate à porta e se esconde.

Carião

Quem é que bate à porta? Que era isso? Ninguém, ao que parece, mas então a pobre da porta, não obstante, chia com vontade de chorar.

Hermes

É a ti que eu falo, Carião, aguarda.

Carião

Ó tu, diz-me , foste tu que bateste à porta, assim com tanta violência?

Hermes

Não,[74] por Zeus, mas estava por fazer isso. Depois, tu é que te antecipaste a abrir. Mas vai chamar a correr, depressa, o teu senhor e, a seguir, a mulher e os filhinhos, depois os criados, e ainda o cão, depois a ti próprio e mais a porca.

Carião

Diz-me, de que se trata?

Hermes

Zeus, ó meu patife, quer amassar-vos na mesma pasta a todos e atirar convosco para o inferno.

Carião

Corta-se a língua ao mensageiro de tudo isso. Mas por que é que ele planeja fazer-nos esses males?

Hermes

Porque vocês lhe causaram os mais terríveis incômodos. Na verdade, desde que Pluto começou a ver, ninguém sacrifica nem incenso, nem louro, nem bolos sagrados, nem vítimas nem mais coisa nenhuma a nós, os deuses.

Carião

Não, por Zeus, nem virá a sacrificar, porque vós no passado mal se preocupaveis conosco.

Hermes

Mas com os outros deuses pouco me ralo, eu é que estou perdido e destruído.

Carião

Pensas bem.

Hermes

Antes, eu recebia das estalajadeiras tudo quanto é bom. Logo desde a manhã, bolo de vinho, mel, figos secos, quanto é natural que Hermes coma. Mas agora, com fome, deito-me de pernas para o ar.

Carião

E não é justo, a ti que nos impunhas multas por vezes, apesar de receberes tais bens?

Hermes

Infeliz de mim, ai do bolo que me coziam no quarto dia do mês![75]

Carião

«Desejas o que não existe e em vão o chamas».[76]

Hermes
Ai de mim, ai da coxa[77] que eu devorava!

Carião
Salta ao pé coxinho, aqui ao ar livre!

Hermes
E das tripas quentes que eu devorava!

Carião
Uma dor revolve as tuas tripas, ao que parece.

Hermes
Ai de mim, ai do cálice temperado em partes iguais![78]

Carião
Engole este[79] (*solta um peido*) e vai-te depressa.

Hermes
Acaso darás uma ajuda a este teu amigo?

Carião
Se precisas de alguma coisa em que eu possa ajudar-te.

Hermes
Se me arranjasses um pão bem cozido para eu comer e um bom pedaço de carne da que vocês sacrificam lá dentro.

Carião
Mas não é para trazer para fora.

Hermes
Todavia, quando surripiavas alguma caçarola[80] do teu patrão, eu sempre te fazia escondê-la.

Carião
Da qual também eu te fazia participante, ó fura-paredes, porque sempre ganhavas um bolo bem cozido.

Hermes

Mas depois eras tu quem o devorava.

Carião

Porque não participavas das mesmas pancadas que eu, quando eu era apanhado a fazer alguma.

Hermes

Não guardes ressentimento, agora que conquistaste File.[81] Mas recebei-me como companheiro de casa, pelos deuses.

Carião

Então deixarás os deuses, para ficar aqui?

Hermes

Aqui convosco as coisas vão muito melhor.

Carião

O quê? Achas correta a tua deserção?

Hermes

«Pátria é toda a terra onde alguém é feliz».[82]

Carião

E em que é que nos ajudarás, ficando aqui?

Hermes

Colocai-me como guarda das voltas, na porta.

Carião

Guarda das voltas? Mas não são precisas voltas.[83]

Hermes

Então, como promotor do negócio.

Carião

Mas estamos ricos. Para que é que precisamos sustentar um Hermes retalhista?[84]

Hermes

Então, como o dos enganos.

Carião

Enganos? De forma nenhuma. Não se trata de enganos agora, mas de processos lisos.

Hermes

Então, guia.

Carião

Mas o deus já vê, de maneira que já não precisaremos de um guia.

Hermes

Serei então o que preside os jogos. E ainda terás alguma coisa a dizer? É uma situação que muito convém a Pluto, a de organizar concursos de música e de ginástica.

Carião

Como é bom ter muitas invocações! Foi assim que este arranjou para si próprio um modo de vida. Não é sem razão que todos os juízes se apressam a fazer-se inscrever em muitas letras.[85]

Hermes

Portanto, depois desses considerandos, posso entrar?

Carião

Sim, e dirige-te ao lavadouro e limpa as tripas, para logo dares uma impressão favorável dos teus serviços. (*Entram ambos em casa*).

Pela direita, avança um sacerdote de Zeus.

Sacerdote

Quem me poderá dizer com certeza onde está Crêmilo?

CRÊMILO

O que é, meu caro?

SACERDOTE

Que há de ser senão mal? Desde que esse Pluto começou a ver, morro de fome, porque não tenho que comer, e isso apesar de ser o sacerdote de Zeus Salvador.

CRÊMILO

E a causa qual é, pelos deuses?

SACERDOTE

Já ninguém se dá ao trabalho de fazer sacrifícios.

CRÊMILO

Por que motivo?

SACERDOTE

Porque todos são ricos. Todavia, quando nada tinham, ora o negociante que acabava de chegar sacrificava uma vítima, por se ter salvo, ora o que era absolvido no tribunal, ora ainda o que oferecia um sacrifício propiciatório, também me convidava a mim, o sacerdote. Mas agora nem um só faz sacrifícios de modo nenhum, nem entra no templo, a não ser os que vêm fazer as necessidades, mais de dez mil.

CRÊMILO

À parte.

Tu não recebes a costumada parte disso?

SACERDOTE

Portanto, também eu creio que vou mandar passear Zeus Salvador e ficar aqui mesmo.

CRÊMILO

Ânimo! Tudo correrá bem, se o deus quiser, porque Zeus Salvador está aqui, chegado pelo seu pé.

SACERDOTE

Então, dás-me boas notícias.

Crêmilo

Nós vamos, pois, instalar imediatamente Pluto – espera um pouco – exatamente onde antes estava colocado, sempre a guardar o tesouro, nas traseiras do templo[86] da deusa. Mas que alguém traga aqui tochas acesas, para com elas ires tu à frente do deus.

Sacerdote

Absolutamente de acordo. Eis o que é preciso fazer.

Crêmilo

Que alguém chame Pluto aqui fora.

Avança Pluto, seguido da Velha.

Velha

E eu o que faço?

Crêmilo

As panelas de barro, com que consagraremos o deus, pega nelas e leva-as gravemente à cabeça. Tu vieste, de tua livre iniciativa, com um vestido bordado.[87]

Velha

E as razões por que eu vim?

Crêmilo

Tudo será feito a teu gosto. O rapazinho irá encontrar contigo ao cair da noite.

Velha

Mas se, por Zeus, tu me garantes que ele vai encontrar comigo, levarei as panelas. (*Coloca-as na cabeça*).

Crêmilo

Ora com estas panelas acontece o contrário das outras panelas, porque nas outras estão as rugas de espuma por cima e nestas as rugas por baixo.[88]

CORO

Não é conveniente, então, que nós também demoremos, mas sim que caminhemos à retaguarda. Devemos, por isso, seguir atrás deles, cantando.

Saem em cortejo, pela direita.

NOTAS

NOTAS DA INTRODUÇÃO

1. Trata, em parte, dessa questão o artigo de Alexander K. Gravilov, «Zur Exposition des Aristophanischen *Plutus*», *Philologus*, Band 125, Heft 2, Berlin, 1981, pp.188-200.
2. Vs. 407-408.
3. Vs. 253-321. Ver o conspecto de uma análise estrutural e métrica da peça em Arthur Pickard-Cambridge, *Dithyramb, Tragedy and Comedy*. Second Edition revised by T. B. L. Webster, Oxford, 1962, p. 229.
4. Gilbert Murray, *Aristophanes. A Study*. Oxford, 1933, 203-204.
5. Eduard Fraenkel, *Beobachtungen zu Aristophanes*. Roma, Edizioni di Storia e Letteratura, 1962, p. 154, escreveu: «A única cena de Pluto, que ainda é inteiramente digna de Aristófanes, é o relatório do escravo Carião sobre as suas experiências noturnas no templo de Asclépio (653-759)».
6. *ΔΙΠΛΑ ΟΝΟΜΑΤΑ no Estilo de Aristófanes*. Coimbra, 1952, pp. 134-135.
7. Cf. Victor Ehrenberg, *The People of Aristophanes*. Second Edition, Oxford, 1951, p. 69. Desse livro, publiquei uma resenha em *Humanitas* IV, Coimbra, 1952, III-VII.

8. «Conuerti... unam de Aristophanis comoediis in Latinum Sermonem, Plutum, quam inter ceteras huius Auctoris in primis tibi probari intellexeram». Consultei a tradução latina de Cabedo na reedição das suas obras no final do *De Antiquitatibus Lusitaniae* de André de Resende, reimpresso em Roma, *apud Bernardum Bassum*, em 1597, pelo filho de Cabedo, Gonçalo Mendes de Vasconcelos e Cabedo. Aí aparece com o seguinte título: «Plutus Aristophanis Comoedia in Latinum conuersa sermonem, Auctore Michaele Cabedio Senatore Regio, dum Parisiis esset anno M.D.XLVII». Ver p. 18.

   Deve notar-se que esta tradução latina de Cabedo é anterior à francesa de Ronsard (c. de 1550), de que, aliás, só existe um fragmento, e à espanhola de Pedro Simón de Abril (1577). A este propósito, ver Gilbert Highet. *The Classical Tradition. Greek and Roman Influences on Western Literature.* Oxford, at the Clarendon Press, ^{4}1951, p. 121.

   Sobre Miguel de Cabedo, cuja obra de poeta novilatino está ainda por ser estudada, ver o meu artigo em *Verbo*: *Enciclopédia Luso-Brasileira de Cultura*, 19, 620, onde falta a ed. de Coimbra (1594) do *Plutus*.

   No programa impresso do exame de grego do brasileiro Francisco Vieira Gomes, em Coimbra, em 28 de julho de 1766, exame feito de acordo com a Reforma Pombalina e presidido pelo professor Régio Guilherme Birmingham, figurava também o *Plutus* de Aristófanes.
9. As relações entre Crêmilo e o filho, que é apenas mencionado de passagem, bem como o problema educativo subjacente, em comparação com Estrepsíades e seu filho em *Nuvens*, foram abordados também no artigo citado na nota 1 desta introdução.
10. Para Ehrenberg, o escravo Carião deve ter sido vendido noutro país, e não em Atenas, onde, desde a época de Sólon, tinha sido abolida a escravidão por dívidas. Victor Ehrenberg, *op. cit.*. p. 169.
11. «The *Plutus* of Aristophanes», *Acta Classica* XXIV, Cape Town, 1982, pp. 17-22.

NOTAS DO TEXTO

1. *Λοξίας* «oblíquo», epíteto de Apolo, motivado, segundo o escoliasta, ou comentador antigo, pela ambigüidade dos seus oráculos. As palavras entre aspas são um verso que parece ter vindo de uma tragédia.
2. Os que regressavam da visita a um oráculo usavam uma coroa e a sua pessoa era sagrada.
3. Verso de som trágico. A sacerdotisa e a trípode, onde se sentava, estavam coroadas de louro, planta dedicada a Apolo.
4. O escoliasta diz que esse Pátrocles era um poeta trágico, conhecido pela sua avareza e pouco asseio. Há quem pense que seria um irmão de Sócrates, de quem este fala em Platão, *Eutidemo* 297c.
5. Ao que parece, para pagar mais depressa uma indenização maior, forçado pela dor.
6. O rei dos persas, cujo ouro interveio largamente nas questões entre as cidades gregas, particularmente entre Esparta e Atenas, durante a Guerra do Peloponeso, como pode ler-se nas *Helênicas* de Xenofonte.
7. O pagamento a cada cidadão pela assistência às sessões da Assembléia fora recentemente elevado para três óbolos por sessão.
8. Aí deixado pelo general ateniense Ifícrates, depois de 390 a.C., segundo Xenofonte, *Helênicas* IV, 5.
9. Foi estratego, ou general, em Atenas no ano da representação da peça. Segundo os escólios antigos (cf. Dübner, *Scholia Graeca*) era acusado de corrupção e, por isso, *κλαύσεται* está por *κλέφει*, isto é, «chorará» em vez de «roubará». Procurei manter o equívoco, com «suspirará» para sugerir «surripiará», que, na representação, pode ser acompanhado do conveniente gesto de mão.
   O vendedor de agulhas seria um tal Aristóxeno. Na sua tradução latina quinhentista, Miguel de Cabedo entendeu as agulhas como nome de peixe.
10. Agírrio, político ateniense, introduziu o trióbolo pago diariamente aos deputados, pela assistência às sessões; Filépsio defraudara o Tesouro; Filônides era um sujeito grande e desajeitado, mas rico; Timóteo era filho do político e general Cónon e construíra uma

grande casa, também chamada «torre». Laís (há quem pense que se trata de outra, chamada Naís) era uma das mais belas e mais caras prostitutas de Corinto. Quase todas essas personagens aparecem referidas esparsamente em autores contemporâneos de Aristófanes e nos escólios gregos.

11. Um dos argonautas, cuja vista era tão penetrante que passou em provérbio.
12. O verso parece vir de uma tragédia. As ombreiras do templo de Delfos, dedicado a Apolo, estavam ornadas de ramos de louro que são referidos no *Íon* de Eurípides e em outros autores gregos e latinos.
13. «Comer o mesmo tomilho» ou, noutra locução que também vem da Antigüidade, «comer o mesmo sal» quer dizer «ser conhecimento velho», «ser da mesma classe» e, neste caso, «ser pobre», dado que o tomilho cresce livremente nos campos.
14. Os juízes de cada um dos tribunais tiravam à sorte o tribunal a que pertenciam, pelas dez primeiras letras do alfabeto grego que estavam dentro de uma urna.
    O fato de a entrega da senha aqui ser feita por Caronte, barqueiro do Inferno, exprime o desejo jocoso de que o corifeu, ou condutor do coro, vá se matar.
15. Alusão à lenda de Midas a quem fora concedido o dom de transformar em ouro tudo o que tocasse.
    Apolo, tendo sido preterido por Midas num concurso musical, fez-lhe crescer orelhas de burro. Ver os pormenores da lenda em Ovídio, *Metamorfoses* XI, 153 segs.
16. Segundo o escoliasta, «threttanelo» imita o som das cordas da lira. Carião imita jocosamente o *Ciclope* de Filóxeno, assim como no final das *Vespas*, também de Aristófanes, Filocléon parodia o *Ciclope* de Eurípides. O coro alude ao encontro de Ulisses com o ciclope Polifemo e ao passo em que o herói cega o gigante.
    Mais adiante, Carião e o coro mimam o episódio de Circe, da *Odisséia*, quando a feiticeira transformou em porcos os companheiros de Ulisses, e aludem a contemporâneos como Filônides (cf. nota 10) que seria o Ulisses da nova Circe, a cortesã Laís.
17. Sujeito de maus costumes, referido também na *Assembléia das mulheres*, 647.

18. No santuário de Delfos.
19. A venalidade dos políticos ocorre noutros passos de Aristófanes e nos fragmentos de outros autores cômicos gregos.
20. Quadro do pintor Pânfilo em que os Heráclidas, ou filhos de Héracles, eram representados, depois da morte do pai, pedindo auxílio aos atenienses contra Eristeu que os perseguia. Pânfilo foi mestre de Apeles, mais conhecido.
21. Expressão corrente na Comédia Grega, como entre nós «ir para o diabo».
22. Alusão, ao que parece, às Erínias ou Fúrias da tragédia *Eumênides* de Ésquilo.
23. O *Βάραθρον* era uma ravina fora das muralhas de Atenas, do lado sudoeste, para onde eram lançados os corpos dos criminosos.
24. Instrumento de suplício, de madeira, com cinco aberturas, para meter o pescoço, as mãos e os pés, chamado aqui *κύφων* e noutros lugares *πεντεσύριγγον ξύλον* «a tábua de cinco buracos» ou simplesmente *ξύλον*.
25. O *Θίασυς* era uma confraria para celebrar as festas de um deus, particularmente de Dionísio ou Baco. Aqui está usado ironicamente.
26. Versos citados, ou imitados, de um poeta anterior.
27. O rapto de homens livres para venda era punido por lei, com a morte. Cf. Demóstenes IV, 47.
28. Literalmente: «Que isso caia sobre a tua cabeça!»
29. Dionísio foi o tirano de Siracusa; e Trasíbulo o ateniense que expulsou os Trinta Tiranos no final de 404 a.C.
30. A idéia de moderação era cara aos gregos.
31. Os oradores são os políticos; e onde está justo (*δίκαιος*) e injusto (*ἄδικος*) podia estar igualmente «honesto» e «desonesto».
32. Os ricos ofereciam à Hécate, divindade infernal, nas encruzilhadas uma refeição no princípio de cada mês; os mendigos levavam-na para casa.
33. Paródia de versos de Eurípides.
34. Páuson era um pintor pobre e famélico, mencionado em outras comédias de Aristófanes.
35. Ao contrário do que acontecia nas peças anteriores, o coro nada canta mas limita-se a dançar.

36. Versos de estilo trágico.
37. *Tὰ πράγματα* «o caso, o problema» também significa «os trabalhos, os incômodos». São estes que a mulher de Crêmilo não quer que lhe atinjam a cabeça.
38. Carião é aqui uma espécie de mensageiro que nas tragédias narra os acontecimentos que se passam fora de cena. O estilo é de acordo com a personagem.
39. Este Neoclides é chamado «remeloso» na *Assembléia das Mulheres* e aqui «cego». Van Leeuwen, no seu comentário, admite que a doença tenha piorado. Mas é possível que o poeta (como também pensa o comentador holandês) tenha em vista o contraste cômico inerente à situação do «cego de olho vivo».
40. Iaso e Panacéia, «a que tudo cura», eram filhas de Asclépio, através do latim, Esculápio.
41. «Escatófago»; Cabedo traduziu *merdivorus*.
42. Os juramentos podiam ter por base os mais variados pretextos, ou para obstruir o funcionamento da Assembléia ou até para justificar a ausência de Neoclides que agora terá uma razão verdadeira para não estar presente.
43. Ver atrás o verso 645. Cf. Aristófanes, *Thesmophoriazusae* (*As mulheres que celebram as Tesmofórias*), v.735 segs. O grego traz «dez cótilas». A *κοτύλμ* era uma medida de cerca de ¼ de litro: portanto, «dois litros e meio».
44. Paródia do estilo trágico.
45. O portador de boas-novas recebia uma coroa, mas no caso de Carião a coroa era comestível.
46. Os olhos são aqui tratados como os escravos recém-adquiridos que, à maneira dos recém-casados, eram recebidos à entrada da casa, com uma chuva de nozes e figos, um rito que, segundo Ehrenberg, *The People of Aristophanes*, p. 160, «se destinava a tornar o seu trabalho uma bênção para a casa».
47. *Προσκυνῶ* «eu saúdo, prosternando-me». Palas Atena, a deusa tutelar da cidade, é sempre tratada com o maior respeito, mesmo na Comédia Antiga. Cécrops, de acordo com a tradição, o primeiro ou o segundo rei de Atenas.
48. Aristófanes protesta mais de uma vez (cf. *Vespas*, pp. 58-59) contra essa prática que considera pouco dignificante para o espetáculo teatral.

49. Neste passo, creio que *ἰπνός* é o mesmo que em *Paz*, 841, mas podia escrever-se um pequeno ensaio sobre as diferentes interpretações dadas à palavra neste verso de *Pluto*.
50. Moeda de Cízico, em electro, aqui tornada de ouro.
51. Nos Mistérios de Elêusis, com a sua marcha a pé desde Atenas, usava-se roupa velha, ou pelo menos usada, como acontece hoje em certas peregrinações.
52. «Bulimia», fome excessiva.
53. Um dos mais cruéis suplícios aplicados aos escravos. O sicofanta, com supremo desplante, tenta passar de acusado a acusador.
54. Eudemo era um conhecido vendedor de remédios; e os anéis contra as mordeduras eram uma espécie de remédio. Mas não tinham poder contra a «mordedura» do denunciante, como observa Carião.
55. *Τοιχωρύχος*, insulto corrente. As paredes eram frágeis nas casas dos atenienses de modestas posses. Assim, os ladrões perfuravam as paredes para entrarem nas casas.
56. No original *κέπφος*, uma espécie de gaivota que gozava da fama de ave estúpida e voraz. Cf. um outro passo de Aristófanes, em *Paz*, 1067.
57. Bato foi o fundador de Cirene onde abundava o *silphium* (em latim, *laserpicium*) que os nossos clássicos traduzem por *beijoim*, uma planta utilizada na cozinha e na medicina. Era a fonte de riqueza de Cirene: «o beijoim de Bato» tornou-se uma expressão proverbial, para designar algo de rico e de raro.
58. Pau de figueira (*σύκινον*) pode facilitar um jogo de palavras com sicofanta (*συκοφάντης*), na origem «denunciante dos figos (de contrabando)». O sicofanta que, aliás, tinha orgulho da sua ocupação, desejaria um aliado do mesmo estofo. Tal interpretação é visível na tradução de Van Daele («Belles-Lettres»): «Mais si je trouve un second, fut-il de syco-more».
    Todavia, é possível que o sicofanta, ao falar de um aliado «mesmo de pau de figueira», queira dizer «um qualquer, por fraco que seja», visto como a madeira da figueira era praticamente sem utilidade. Devo o esclarecimento deste passo à nota da velha edição escolar de W. C. Green, Cambridge, 1901.
59. Cada um chamava democracia (*δηυοκρατία*) àquilo que mais lhe convinha. E aos que pensavam de modo diferente acusava-

os de conspirarem contra a democracia.

60. Panóplia (*πανοπλία*) era a armadura completa (capacete, escudo, couraça, lança etc.) de um hoplita ou soldado de infantaria. Aqui, usado ironicamente a respeito dos andrajos do cidadão justo.
Os cidadãos com fracas roupas iam sentar-se perto do fogo, no balneário, para se aquecerem, sobretudo no inverno. E acabavam muitas vezes com queimaduras.

61. Expressão já usada no v. 862. As imagens ligadas à cunhagem da moeda, comparada com o caráter dos homens, são freqüentes em Aristófanes. Aliás, a palavra «caráter» (*χαρακτήρ*) pertence ao vocabulário da cunhagem da moeda. Cf. a nota de Stanford – *Aristophanes, The Frogs*, vs. 718 segs.

62. A Velha, que era amante de um rapaz novo, veste com garridice e fala como uma jovem mimada. Daí, a linguagem irônica do Corifeu. Miguel de Cabedo traduz o grego *μειρακίσκη* «mocinha» por *pupula*.

63. Sobre a escolha dos juízes, à sorte, ver a nota 14. Aqui, «bebias» (*ἔπινες*) surge como surpresa, em vez de «julgavas» (*ἔκρινες*). Já atrás vimos também que uma das acusações feitas comicamente às mulheres, em Aristófanes, era a de que gostavam de beber.

64. Crêmilo caracteriza o amor do jovem, retomando o mesmo advérbio (em grego) que a velha usou atrás, a respeito do seu acanhamento.

65. Provérbio cujo sentido é o de indicar que os amores com a Velha tinham acabado.

66. A procissão de Atenas para Elêusis era feita geralmente a pé e durava cerca de quatro horas. O uso de carro talvez sugira meios de fortuna.

67. Vinho famoso pelo seu gosto e perfume.

68. Green Dobree e outros comentadores pensam que pode haver aqui uma alusão maliciosa aos políticos atenienses que prometiam freqüentemente corrigir as injustiças.

69. O tom é intencionalmente cerimonioso e distante. E a Velha mostra o seu ressentimento.

70. O adjetivo, em grego no superlativo, marca a indignação da Velha e a censura a Crêmilo. Van Daele omitiu-o na sua tradução das Belles-Lettres.

71. Em grego «irestone» (*εἰρεσιώνη*), um ramo de oliveira rodeado de lã e frutos da colheita do ano que se dependurava às portas das casas, em honra de Apolo, nas Pianépsias (outubro/novembro), e sobre as portas ficava até a festa do ano seguinte.
Kock tem uma boa nota sobre esta prática, no comentário ao vs. 729 de *Cavaleiros* de Aristófanes: cf. *Ausgewählte Kömodien des Aristophanes* (...) *Die Ritter* (...) Berlin, 1882, pp. 120-121.
72. *Τάλας*, «infeliz, desgraçado» parece um dos bordões da Velha, ao falar com os homens. Acho o qualificativo mais irônico do que insultuoso, e em português «infeliz» parece-me especialmente pitoresco, com o sotaque carioca.
73. O jogo é uma espécie de «par ou ímpar» para adivinhar quantos objetos o parceiro tem escondidos na mão. Aqui o tema do concurso é o número de dentes da Velha.
74. Hermes, deus trapaceiro por natureza, nega ter batido à porta. A enumeração que vem a seguir, com Carião misturado ao cão e à porca domésticos, é intencionalmente cômica.
Mais adiante, no vs. 1108, o tom das ameaças e o vocabulário lembram Hermes no *Prometeu Acorrentado*, 994, de Ésquilo; cf. a linguagem do mesmo Hermes em Aristófanes, *Paz*, 228-231.
75. No quarto dia do mês, celebrava-se o nascimento de Hermes. Van Leeuwen recorda que, ainda hoje, em muitas línguas, o nome do quarto dia da semana é derivado de *mercurii dies*: esp. miercoles, it. mercoledi, fr. mercredi.
Não assim em português (quarta-feira) nem em grego moderno (*Τετάρτη*). Cf. A Costa Ramalho, «Recordações de Atenas: a língua», *Humanitas* XV-XVI, Coimbra, 1963-1964, pp. 430-433.
76. Verso de uma seriedade mais próxima da tragédia que das circunstâncias presentes. Gênero de paródia a que alguns chamam «paratragédia».
77. Há um possível jogo de palavras entre *κωλή* e *ἀσκωλιάζειν* que procurei reproduzir no eco entre «coxa» e «pé-coxinho».
78. O vinho era misturado com água, imediatamente antes de ser servido, sendo a água em maior quantidade. Em partes iguais, ficava o vinho naturalmente mais forte. E é desse que Hermes tem saudades.
79. *ταύτην* = *πορδήν* «peido».

80. *Σκευάριον* «pequeno utensílio, peça de cozinha». Segundo os comentadores, não tanto o objeto em si, como aquilo que ele continha.
81. Em 404 a.C., Trasíbulo (cf. n. 29) conquistou Phyle, uma fortaleza na fronteira da Ática com a Beócia. Um ano mais tarde, em 403 a.C., o mesmo Trasíbulo conquistou Atenas e expulsou os Trinta Tiranos. Foi então decretada uma anistia geral de que escreve Xenofonte nas *Helênicas* II, 43: «fizeram juramento solene de não praticar represálias, e ainda agora todos exercem por igual a cidadania e o partido democrático respeita esse juramento».
82. Citação, possivelmente de Eurípides, pois um verso dos seus fragmentos diz: «Toda a terra é pátria para o homem corajoso». Cícero, *Tusculanas* V, xxxvii, 108, cita um fragmento de uma tragédia de Pacúvio em que Teucro afirma: *Patria est, ubicumque est bene*. A fórmula mais corrente desta frase proverbial é: *Vbi bene, ibi patria*.
83. *Στροφαῖος* ou «deus dos gonzos» das portas era um dos epítetos de Hermes. Mas a palavra *στροφή* «volta», no verso seguinte, mostra que as voltas aqui são as «viragens» habilidosas ou desonestas. Cf. em latim a relação entre *versare* «fazer mover» e *versutiae* «habilidades, astúcias», bem aproveitada na tradução de Miguel de Cabedo.
84. É preciso não esquecer que Hermes (em Roma, Mercúrio) é deus do comércio, dos ladrões e de muitas outras atividades.
85. Nova referência à organização judiciária. Ver atrás as notas 14 e 63. Os juízes ou dicastas, com o seu nome em várias seções, tinham possibilidade de arranjar trabalho com mais freqüência, pois eram pagos por cada sessão.
86. O templo da deusa (Atena) é o Partenon, em cujas traseiras ou opistódomo ficava o Tesouro público.
87. A imaginação de Aristófanes representa a Velha como se fora uma canéfora, com o seu vestido de cerimônia, próprio da celebração religiosa. Aliás, o escoliasta explica: «Havia o costume, na instalação das estátuas dos deuses, de mulheres trajadas de vestidos coloridos transportarem processionalmente panelas com legumes cozidos».
88. Há aqui um jogo de palavras intraduzível em português. Em grego, a palavra *γραῦς* significa «velha» e também a «espuma» do leite

fervido ou de vegetais cozidos. Assim, no caso presente, ia a espuma em baixo. Em inglês, a palavra «mother» pode ser usada nos dois sentidos, o que permitiu a B. B. Rogers a tradução em verso:

CHREMYLUS:

These pots are not like other pots at all.
In other pots the mother is atop,
but here the mother's underneath the pot.

BIBLIOGRAFIA

EDIÇÕES

COULON, Victor et VAN DAELE, Hilaire. *Aristophane, Livre V, L'Assemblée des Femmes. Ploutos.* Paris, Les Belles-Lettres, 1930.

LEEUWEN, J. Van. *Aristophanis Plutus cum prolegomenis et commentariis.* Ludgduni Batauorum, apud A. W. Sijthoff, MDCCCIV.

ROGERS, B. B.. *Aristophanes*, vol. III, Loeb Classical Library, London, Heinemann, 1963.

GREEN, W. C.. *The Plutos of Aristophanes.* Cambridge, at University Press, 1901.

OUTRAS EDIÇÕES DE OBRAS DE ARISTÓFANES, UTILIZADAS

KOCK, Theodor. *Ausgewählte Komödien des Aristophanes erklärt von... Zweites Bändchen, Die Ritter*, Berlin, Weidmannsche Buchhandlung, [4]1882.

GRAVES, C. E.. *Aristophanes, The Peace* edited by... Cambridge, at the

University Press, 1911.
STANFORD, W. B.. *Aristophanes, The Frogs*. London, Macmillan, [4]1963 (Edição moderna, importante, quer pelo comentário, quer pela "List of Books and Articles", p. 207 segs.)

Estudos e Recensões

DÜBNER, F.. *Scholia Graeca in Aristophanem*. Paris, Firmin-Didot, 1883.
MURRAY, Gilbert. *Aristophanes. A Study*. Oxford, at the Clarendon Press, 1933.
EHRENBERG, Victor. *The People of Aristophanes. A Sociology of Old Attic Comedy*. Oxford, Blackwell, 1951.
RAMALHO Américo da Costa. *Διπλᾶ 'Ονόματα no Estilo de Aristófanes*. Coimbra, Instituto de Estudos Clássicos, 1952.
PICKARD-CAMBRIDGE, Arthur. *Dithyramb, Tragedy and Comedy*. Second edition revised by T. B. L. Webster. Oxford, at the Clarendon Press, 1962.
FRAENKEL, Eduard. *Beobachumgen zu Aristophanes*. Roma, Edizioni di Storia e Letteratura, 1962.
RUSSO, Carlo Ferdinando. *Aristofane, autore di teatro*. Firenze, Sansoni, 1962.
DOVER, K. J.. *Aristophanic Comedy*. University of California Press, Berkely and Los Angeles, 1972.
WILLETS, R. W.. *Blind Wealth and Aristophanes. An inaugural lecture delivered in the University of Birmingham on 12th November, 1970.* Birmingham, The University, s.d.
HANDLEY, E. W.. "*XOPOY* in the *Plutus*", *The Classical Quartely* XLVIII (NS.III). Oxford, at the Clarendon Press, 1953, pp. 55-61.
GAVRILOV, Alexander K.. "Zur Exposition des Aristophanischen *Plutus*", *Philologus*, Heft 2, Band 125, Berlin, 1981, pp. 188-200.

BARKHUTZEN, J. H.. "*The Plutus* of Aristophanes", *Acta Clasica* XXIV, Cape Town, 1982, pp.17-22.

STEINTHAL, Hermann. "Aristophanes heute", *Der Altsprachliche Unterricht*, 5/82, Suttgart, pp. 76-81.

RAMALHO, A. Costa. recensão de Victor Ehrenberg, *op. cit.*, *Humanitas* IV, Coimbra, 1952, III-VII.

PEREIRA, M. H. Rocha. recensão de Eduard Fraenkel, *op. cit.*, *Humanitas* XV-XVI, Coimbra, 1963-64, pp. 517-519.

Impressão e Acabamento:

QUICK PRINTER
IMPRESSOS RÁPIDOS

SETOR DE INDÚSTRIAS GRÁFICAS - Q. 02 - Nº 460 - "PARTE A" - CEP 70.610-400
BRASÍLIA-DF - FONES (061) 343-1300 / 343-1706 / 343-1778 - FAX: (061) 343-1495